V 1550

9330

ESSAI GÉNÉRAL

DE FORTIFICATION,

ET

D'ATTAQUE ET DÉFENSE

DES PLACES.

ESSAI GÉNÉRAL
DE FORTIFICATION,
ET
D'ATTAQUE ET DÉFENSE
DES PLACES;

Dans lequel ces deux sciences sont expliquées et mises, l'une par l'autre, à la portée de tout le monde.

Ouvrage utile aux militaires de toutes les classes.

PAR M. DE BOUSMARD,

Major au Corps des Ingénieurs de S. M. le Roi de Prusse.

Indocti discant , et ament meminisse periti.

TOME QUATRIÈME.

A PARIS,

Chez MAGIMEL, Libraire pour l'art militaire, Quai des Augustins, n.° 73.
AN XII.

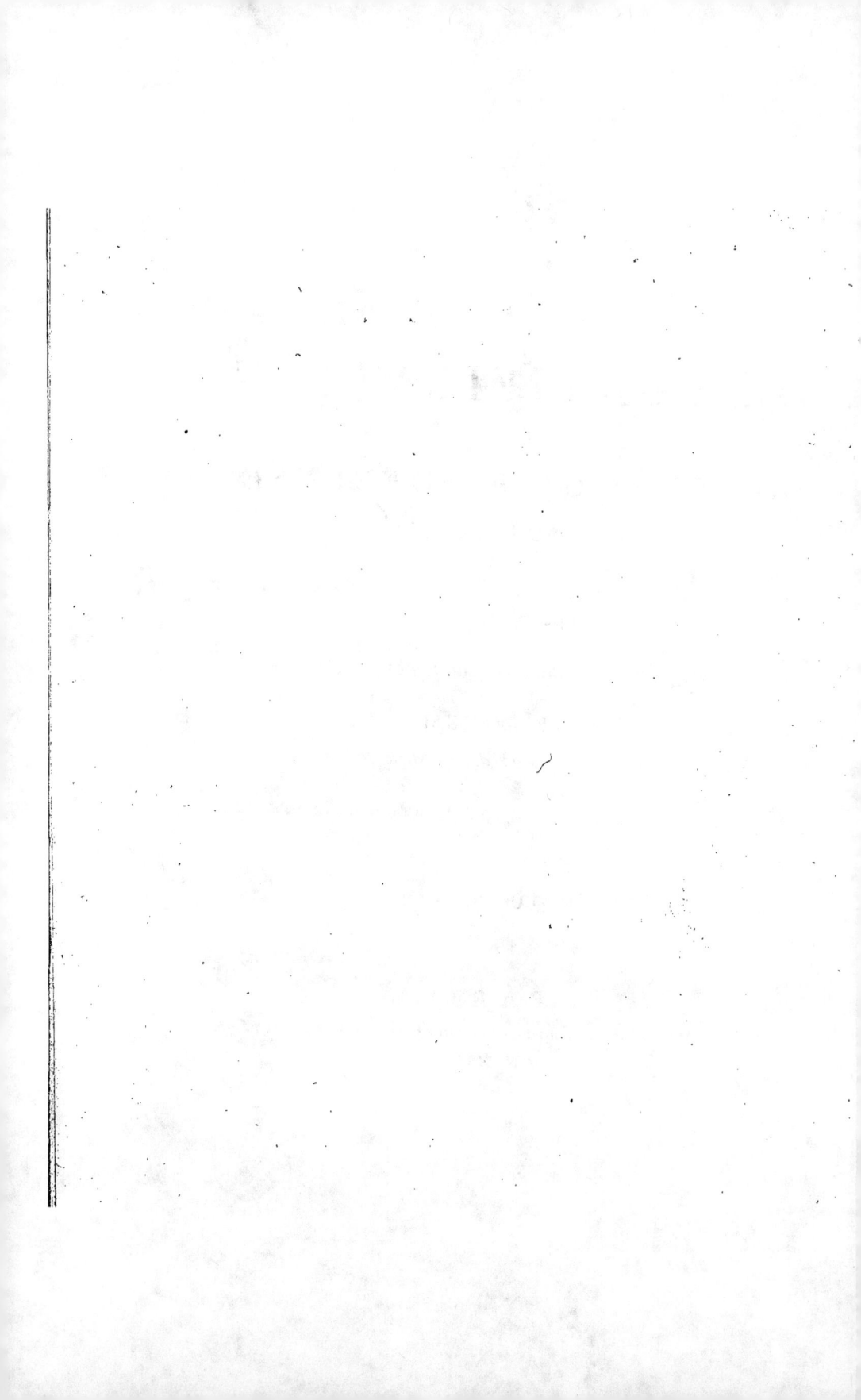

AVERTISSEMENT.

Désirant compléter, autant qu'il m'a été poffible, mon *Effai de Fortification et d'attaque & défenfe des Places*, j'ai cru devoir offrir au public quelques additions qui m'ont paru pouvoir faire fuite à cet ouvrage.

La première de ces additions, qui a pour titre, *Des tentatives à faire pour perfectionner l'art de fortifier les places*, formoit, dès le temps de la compofition de l'*Effai général*, une de fes parties effentielles; elle en formoit le livre V, & il eft bon qu'on le fache, pour qu'on ne confonde pas cette partie de mon ouvrage avec ce qu'on appelle *un fyftème de fortification*.

Qu'eft-ce en effet qu'un fyftème de fortification, finon une combinaifon nouvelle d'angles & de lignes, de remparts & de

a

foffés, imaginée pour faire valoir quelque idée favorite de l'auteur, qui d'ordinaire s'embarraffe peu d'y facrifier tout le refte? Ici, au contraire, je n'ai point eu d'idée favorite à faire prévaloir; je n'ai eu d'autre but que de rechercher & de découvrir les défauts de la fortification aĉuelle, & de trouver & d'indiquer les remèdes qu'on pourroit y apporter. A mefure que je notois un défaut de cette fortification, à mefure que j'en indiquois le remède, il naiffoit un changement de figure ou de pofition à quelqu'une de fes parties, & le raccordement de toutes ces parties changées, fait de manière que ce que gagnoit l'une ne nuisît point à l'autre, a produit un enfemble qui, quoique dérivé de la fortification aĉuelle & y portant comme fur fa bafe, pourra cependant paroître en différer affez pour mériter le nom de *fyftème*. Au refte le nom ne fait rien à la chofe, & je ne prétends point en difputer : feulement j'avertis que l'on fe trompe fi l'on entend par là que ce travail foit le développement de quelque idée fyftématique que j'aie prétendu faire valoir de préférence à tout; ear ce n'eft autre chofe qu'une des branches du plan adopté dans mon *Effai général de fortification.* Dans les autres branches de ce plan j'ai confidéré la fortification aĉuelle dans tous fes rapports d'attaque & de défenfe, réfultant des divers modes fous lefquels elle exifte :

dans celle-ci au contraire j'ai cru devoir examiner ce que deviendroient ces rapports fi l'on fupprimoit de cette fortification ce qu'y voient avec peine tous les bons efprits, & fi l'on y fuppléoit quelques-unes des propriétés qu'ils paroiffent y défirer généralement. Confidéré fous ce point de vue, qui eft le véritable, ce petit travail, loin d'être fyftématique ou exclufif d'aucun autre changement à introduire dans la fortification actuelle, n'eft que l'effai & l'efquiffe de ce qu'on peut faire encore à cet égard; efquiffe évidemment fufceptible d'être perfectionnée, achevée & remplie par tout ce qu'on y pourra encore ajouter en fuivant le même plan, c'eft-à-dire, en remédiant aux défauts de la fortification actuelle à mefure qu'on les reconnoîtra, & qu'on les pourra corriger fans en faire naître de nouveaux & fans la dépouiller d'aucune propriété tant foit peu précieufe dont elle foit maintenant en poffeffion. C'eft là du moins ce que j'ai tâché de faire, & c'eft dans cet efprit que cette efquiffe a été tracée. J'invoque la critique des hommes du métier & le jugement du public, pour m'apprendre en quoi je puis m'être trompé; car, encore une fois, qu'eft-ce qu'un homme & l'intérêt de fa vanité auprès de celui des progrès d'un art utile ?

a ij

Quant au fecond morceau, bien moins confidérable en-core à tous_égards que le premier, ce ne font réellement que quelques idées jetées fur le papier, fans autre prétention que de tâcher de réparer l'omiffion qu'on reprochoit à l'*Effai général de fortification* d'une ou, fi l'on veut, de deux parties auffi effentielles que le relief & le commandement de la fortification. J'aurois pu dire pour ma juftification, qu'expofant, partout où je rendois compte de quelque tracé de fortification, les rapports de hauteur de toutes fes parties entre elles, je croyois avoir donné leur relief & leur commandement les unes fur les autres : j'aurois pu dire qu'ayant, dès le premier chapitre de mon ouvrage, expliqué *le comment* & *le pourquoi* du relief & du commandement tant du corps de place fur la demi-lune que de l'un & de l'autre fur le chemin couvert, & qu'y ayant furtout difcuté & réglé le relief de la tenaille, &, à l'article des contre-gardes, celui de cette autre efpèce d'ouvrages, il devenoit facile, d'après ces exemples, de raifonner de même le relief & le commandement des autres pièces de fortification : j'aurois pu dire, enfin, que dans ce livre V, fait alors en entier, mais qu'il m'avoit jufqu'ici été interdit de publier, j'avois donné à la fortification que j'avois tenté de perfectionner, le relief & le commandement qui m'avoient paru le mieux

concourir à ce but. Si ce n'étoit donc que mon opinion qu'on
voulût avoir fur cette matière, ce feroit là qu'on la trouveroit
confignée, & cette partie de mon ouvrage paroiffant aujour-
d'hui, l'omiffion qu'on me reprochoit feroit réparée : mais fi
c'étoit une differtation expreffe, un traité dogmatique fur cette
matière qu'on me demandât, j'avoue qu'il me refteroit encore
à faire. Heureufement que je l'ai trouvé tout fait par mon
ancien camarade Noizet de S. Paul, avec cette exactitude &
cette précifion jufques dans les moindres détails, qui le carac-
térifent. Bien difpenfé par là d'un travail confidérable que je
n'euffe jamais pu faire auffi bien, j'y renvoie mes lecteurs, &
me borne à glaner dans les guérets d'une auffi riche moiffon.
Ce font donc ces glanures qui paroiffent ici à la fuite de mes
Tentatives pour perfectionner l'art de fortifier les places. Peut-
être trouvera-t-on que la contagion de ce voifinage les a
gagnées & entraînées dans l'innovation & le paradoxe; c'eft de
quoi je ne puis moi-même bien juger : car fi j'en croyois aux
épreuves de tout genre que j'ai fait fubir au peu d'idées neuves
que j'ofe expofer, je m'en tiendrois plus affuré encore que de
toute autre, que j'ai adoptée fouvent foit fur la parole de ceux
qui l'ont mife en crédit, ou en vertu de l'ufage qu'on en a
fait & qui l'a en quelque forte confacrée. Quoi qu'il en foit,

je les expose sans réserve, & les abandonne franchement au jugement du public, persuadé que les arts ne peuvent faire de progrès si ceux qui les cultivent n'osent rien innover & se traînent servilement sur les traces les uns des autres : en un mot c'est à l'art que *tenter ne peut nuire,* car pour l'artiste il n'y a malheureusement toujours que trop à risquer.

P L A N

ET

DIVISION DE L'OUVRAGE.

L I V R E I.   *page* 1

Des tentatives à faire pour perfectionner l'art de fortifier les places.

LIVRE I.

Des tentatives à faire pour perfectionner l'art de fortifier les places.

N'y a-t-il pas de la témérité à tenter encore de perfectionner l'art de fortifier les places ? Vauban et Coehorn n'ont-ils pas donné, l'un deux, l'autre trois nouveaux modes de les fortifier, ou fyftèmes de fortification, fort différens de tout ce qui s'étoit pratiqué avant eux; & n'ont-ils pas l'un et l'autre, dans leurs immenfes travaux pour améliorer d'anciennes places, & même pour en conftruire de nouvelles, perfectionné la méthode ancienne dans toutes fes parties ? N'a-t-on pas depuis vu Cormontaingne, choififfant cette méthode ancienne, & la préférant à la fois aux deux derniers fyftèmes de Vauban, & aux trois ingénieux fyftèmes de Coehorn, trop exclufivement adaptés aux terrains aquatiques, lui reftituer toute fa pureté, altérée par l'abandon fait mal à propos des flancs perpendiculaires à leur ligne de défenfe, qu'elle devoit à Pagan, & lui redonner un nouveau luftre par la beauté de fes grands ouvrages, & un nouveau mérite par l'entente fupérieure de tous leurs détails ? Il semble donc qu'il n'y ait plus, dans l'art de fortifier les places, rien à faire, que de choifir, fuivant que le terrain à fortifier paroîtra l'indiquer, ou la méthode ancienne perfectionnée par Cormontaingne, ou l'un des deux derniers fyftèmes de Vauban, ou l'un des trois de Coehorn ; & c'eft en effet ce qu'ont fait tous les ingénieurs qui, dans ces derniers temps, ont eu des places à fortifier. Généralement ils ont borné leur gloire à bien adapter au terrain le fond de l'ancienne méthode, dont ils fe font contentés d'enrichir plus ou moins les détails, foit de leurs idées, foit de ce que la fituation des terrains qu'ils fortifioient les invitoit à y ajouter.

D'une part cet exemple eft bien fait pour en impofer, & de l'autre, le difcrédit & le mépris où font tombés cette foule de fyftèmes plus ou moins baroques, enfantés par des hommes auffi forts d'imagination que foibles d'expérience & fouvent même de raifonnement, doivent épouvanter quiconque auroit le malheur de fe paffionner pour quelque nouveauté de ce genre. Auffi depuis long-temps cette démangeaifon des fyftèmes eft calmée, & fans Montalembert & fa manie de tranfplanter dans la fortification les fabords et les entreponts des vaiffeaux de guerre, la dernière moitié de ce fiècle fe feroit écoulée fans avoir produit un feul nouveau fyftème capable de faire la moindre fenfation.

Eft-ce donc cette ridicule manie que je viens effayer de faire revivre ? Prétendrai-je que quiconque aura fait avec fon maître un cours de fortification, dans le Blond, dans Deidier, ou dans tout autre auteur d'élémens de cette fcience, doive s'efcrimer de la règle & du compas, jufqu'à ce qu'il nous ait donné un fyftème de fa façon ? non affurément. Mais feroit-il fi déraifonnable d'inviter les ingénieurs, qui, par pratique & par théorie, connoiffent à fond les moyens par lefquels s'attaquent & fe défendent les places, de les inviter, dis-je, d'en perfectionner la fortification, & de la difpofer de manière à

ménager aux moyens de la défendre plus d'intensité, & à
préparer à ceux de l'attaquer plus de difficultés & d'obstacles?
car telle est évidemment la seule route à suivre pour perfectionner cet art important; augmenter d'une part les difficultés
de l'attaque, & de l'autre, les avantages & les facilités de la
défense. Je dis *les avantages & les facilités*, & non le nombre
des canons à entasser sur les ouvrages pour opérer cette défense;
car nous avons vu dans les premières parties de cet ouvrage
avec quelle économie devoit être servi un nombre assez modéré
de bouches à feu, pour qu'il devînt possible de rassembler &
de mettre à couvert dans une place de médiocre étendue les
munitions de guerre & les hommes nécessaires à ce service, ainsi
que les vivres & les autres objets de consommation nécessaires
à ces hommes. Je crois me souvenir que Montalembert s'extasie
sur la force qu'il a su donner à ce qu'il appelle son *fort royal*
(dont le poligone est, si je ne me trompe, un carré), en
parvenant à faire concourir à la défense de l'un des fronts
quelconque de ce fort, jusqu'à 1024 pièces de canon : eh bien!
il n'est arrivé là à Montalembert que ce qui arrive & arrivera
toujours à ceux qui veulent faire de la fortification, sans
savoir le premier mot de l'art de l'attaquer & de la défendre.
L'un a entendu dire que c'est surtout le canon qui défend les
places, & il en entasse par étages multipliés des milliers sur
un front de fortification : l'autre sait vaguement que ce sont
la mousqueterie & les chicanes de l'intérieur des ouvrages,
qui en rendent l'attaque meurtrière & la défense opiniâtre;
& il ne fait pas un ouvrage qu'il ne le partage en tout
sens par des coupures, qui en réduisent à rien l'espace intérieur, & dont la défense morcelée & compliquée venant à

A 2

manquer quelque part dans les détails, réduit à rien l'effet de l'enfemble. Si donc vous voulez éviter la route qui en a égaré tant d'autres, gardez-vous de travailler fur des principes vagues, & apprenez l'attaque & la défenfe des places, avant que de vouloir compofer de la fortification (1). Puis voyez comment vous pouvez être attaqué, & cherchez quelle difpofition vous donnerez à vos ouvrages pour augmenter les difficultés de cette attaque. Vous faurez comment vous pouvez vous défendre; vous chercherez également quelle difpofition devroient avoir vos ouvrages pour augmenter l'effet de votre défenfe; et furtout ne perdez pas de vue que ce n'eft pas en outrant dans vos ouvrages le nombre des hommes & des canons que vous atteindrez à la folution du problème, mais en donnant au nombre modéré d'hommes & de canons dont il eft raifonnable que vous foyez pourvu, une difpofition & des directions telles qu'en dérobant le plus poffible les uns & les autres aux effets du feu des attaques, les effets de leur feu fur ces mêmes attaques en foient augmentés & facilités.

Il y a d'ailleurs une confidération bien fimple, qui ne me permet pas de douter qu'en fuivant cette route, qui eft évidemment la vraie, on n'arrive tôt ou tard à quelque grand réfultat : c'eft que cette route n'a réellement encore été fuivie

(1) Je conviens que c'eft là dire en d'autres termes, *apprenez à lire avant que de vouloir écrire*; mais ce confeil, qui ne feroit pas toujours déplacé en littérature, ne l'eft prefque jamais en fortification : car, de plus de mille auteurs qui en ont écrit, & qui en ont fait des fyftèmes, il n'y en a pas quatre peut-être (au moins n'en connois-je que trois, Vauban, Coehorn & Cormontaingne), qui aient fu l'attaque & la défenfe des places, qui eft évidemment le livre dans lequel doit favoir lire quiconque entreprend de compofer de la fortification.

jufqu'au bout par perfonne. Coëhorn qui s'y étoit engagé
d'abord, s'en eft malheureufement détourné dès l'entrée,
pour fuivre un fentier qui ne l'a conduit que vers les places
aquatiques, & lui a fait manquer la découverte de tout le
refte. Vauban, récemment inventeur du ricochet, & témoin
des ravages caufés par la multiplicité des grenades & des
bombes qu'employoient les alliés aux attaques de nos places,
fe borna à dérober à ce ricochet une feconde enceinte, couverte en entier par une première, toute d'ouvrages détachés,
& à mettre à l'abri des bombes, dans des batteries fouterraines,
quelques pièces de canon pour défendre la brèche. Il chercha
cependant encore à rendre les logemens de l'ennemi fur fes
ouvrages détachés, fi difficiles que celui-ci fût forcé d'y faire,
tant par le canon que par la mine, une trouée pour
s'exempter de faire ces logemens, & parvenir ainfi, fans leur
fecours, à faire brèche au corps de place.

   Cormontaingne crut l'ancienne fortification, celle du tracé
de Pagan furtout, fupérieure aux deux derniers fyftèmes de
Vauban, & n'adopta de ceux-ci que leurs grandes demi-lunes,
qu'il fut rendre plus faillantes, avec leur réduit terrafé, qu'il
agrandit également. Au moyen de cet emprunt, ainfi amé-
lioré, & des retranchemens ou réduits qu'il ajouta aux places
d'armes rentrantes de fon chemin couvert, il prétendit que
l'ancien fyftème l'emportoit en force fur les nouveaux, & qu'il
ne leur cédoit que du côté de la dépenfe. Nous croyons avoir
fait voir qu'il s'eft trompé, & en rendant juftice à l'effet qu'il
a fu tirer de la faillie de fes demi-lunes, furtout dans le cas
de la ligne droite, ou d'angles de poligone très-ouverts, nous
avons, à notre grand étonnement, nous en convenons, trouvé

dans le fyftème des tours baftionnées une fupériorité inconteftable de réfiftance, fur la fortification de la conftruction de
Cormontaingne.

Nous ne citons pas, à cet égard, les ingénieurs plus an-
ciens, qui, dans les combinaifons de leurs divers fyftèmes,
avoient bien en vue, à la vérité, les difficultés à préparer à
l'attaque & les facilités à ménager à la défenfe ; mais ce ne
pouvoit être que de l'attaque & de la défenfe telles qu'elles
fe pratiquoient alors, & conféquemment fans égard au ricochet
& aux parallèles, qui n'exiftoient point encore, & qui maintenant font à peu près tout dans l'attaque des places.

Ce n'eft pas que je prétende nier que les tentatives de
Vauban, de Coehorn & même de Cormontaingne n'aient été
pour la plupart heureufes ; mais chacun de ces illuftres ingénieurs s'étant contenté de n'améliorer que quelques parties
ifolées de notre fortification, leurs fuccès partiels ne font qu'un
motif de plus de s'en promettre un plus complet en travaillant
fur l'enfemble. Je m'explique & dis : fi, au lieu de mettre,
comme Vauban & Coehorn, une enceinte à couvert par une
ou deux autres, de quelque nom qu'on veuille les appeler ;
fi, au lieu de ne fonger, comme Cormontaingne, qu'à allonger
la demi-lune, pour placer, au moyen de fa faillie les baftions
voifins dans un rentrant ; fi, dis-je, au lieu de ces enceintes
redoublées, qui ne doublent pas la défenfe auffi fûrement
que la dépenfe, & de ces améliorations partielles & de détail
qui déguifent & laiffent fubfifter le vice du fond ; fi, au lieu
de tout cela, on envifageoit l'enfemble de la fortification dans
fes rapports avec les principes & les méthodes aujourd'hui
bien connues de l'attaque, & avec les procédés ufités, & les

reſſources les mieux conſtatées de la défenſe, & qu'on cher-
chât, ſans dévier en quoi que ce ſoit de cette route directe,
quelle nouvelle diſpoſition il faudroit, en vertu de ces principes
& de ces méthodes, de ces procédés & de ces reſſources,
donner 1.º au corps de place, 2.º au chemin couvert, 3.º aux
autres dehors, 4.º aux contremines, 5.º enfin, aux moyens de
mettre les hommes en repos, & les munitions en réſerve à
couvert du feu de l'ennemi : ſi, dis-je, on cherchoit quelle
nouvelle diſpoſition il faudroit donner à tout cela, pour
enlever à l'aſſiégeant de ſes avantages & conſerver à l'aſſiégé
des ſiens le plus poſſible ; il y a bien de la vraiſemblance
qu'on parviendroit à faire, dans l'enſemble de l'art, des découvertes auſſi heureuſes & tout autrement importantes que celles
que Vauban, Coehorn & Cormontaingne ont faites dans quelques-unes de ſes parties, & dans ſes détails plus ou moins
précieux. Mais j'entends qu'on me dit : vous oubliez de
demander leur génie : eh ! non, je ne l'oublie pas, & crois
fermement qu'on n'obtiendra de ſuccès complet, ou au moins
tout celui dont l'entrepriſe eſt ſuſceptible, que quand elle ſera
tentée par un génie égal au leur. C'eſt ce génie, auquel il faut
donc ſe hâter d'ouvrir la carrière, & d'indiquer la route dont
je viens de tracer tant bien que mal l'itinéraire ; & ſi je me
dévoue à y entrer le premier, c'eſt moins dans le préſomptueux
empreſſement d'arriver le premier au but, que dans l'eſpoir
de le montrer de loin à ce génie heureux deſtiné à fixer le
bel art de la fortification, & auquel il eſt réſervé d'en poſer
un jour les limites. Quant à moi, qui depuis long-temps, & à
meſure que ce livre m'attache de plus en plus à ſa compoſition,
m'oublie moi-même pour ne ſonger qu'au lecteur que j'ai

pris l'engagement d'éclairer, ne fût-ce que par mes fautes, qui au moins lui fignaleront les écueils qu'il devra éviter; ce n'eft point en aveugle que je brave les dangers que je cours en hafardant des innovations dans une matière où les hommes du métier femblent avoir fait la convention tacite de fe les interdire. Je dois donc m'attendre à en être traité fans ménagement, à voir relever foigneufement mes moindres torts, & contefter opiniâtrement le moindre mérite à mes découvertes, fi je fuis affez heureux pour en faire. Je n'ai donc, quoi qu'il arrive, qu'à perdre à tout ceci; mais, en revanche, l'art n'a qu'à y gagner. Je ne balance donc plus, & déjà je regrette d'avoir autant perdu de temps à parler de moi.

CHAPITRE

CHAPITRE I.

Des changemens à faire à la conſtruction du corps de place.

Lors de la découverte du ricochet, ou pour mieux dire, de l'emploi qui s'en fit avec tant de ſuccès à l'attaque des places, il n'y eut perſonne ſans doute qui ne dût s'attendre à voir changer toute la fortification, conſtruite dans la vue de réſiſter à un tout autre effet du canon. Cependant elle eſt reſtée eſſentiellement la même qu'avant cet événement ſi intéreſſant pour elle; toujours formée de longues lignes droites, dont les prolongemens faciles à ſaiſir de la campagne lui aſſurent le tribut complet de toutes les batteries de l'aſſiégeant, & la font parcourir aux boulets de ce dernier, partout où il lui importe qu'ils parviennent, avec une juſteſſe preſque auſſi aſſurée de nuit que de jour.

Ce n'eſt pas que nulle part la puiſſance du ricochet ſoit méconnue, & qu'on ne lui rende partout un conſtant & légitime hommage; car, depuis la découverte de ſes effets, chaque conſtructeur de fortification s'efforce d'y dérober les faces de ſes ouvrages, en les diſpoſant, autant qu'il peut, de manière que les prolongemens de la plupart d'entr'elles tombent, à la diſtance où s'établiſſent les batteries à ricochet, dans des terrains où il ſoit impoſſible d'aſſeoir du canon, tels que le lit de quelque rivière, un étang ou flaque d'eau, le ſol de quelque marais, le fond de quelque vallée, ou la pente eſcarpée de quelque hauteur.

Eſſai général de fortific. T. IV.　　　　　　　**B**

Il femble donc que ce ne foit qu'à l'aide des propriétés du terrain que l'ingénieur habile puiffe venir au fecours de cette fortification, qui, inventée avant la découverte du ricochet, n'a, dans les conditions de son tracé, rien de relatif à cette manière la plus efficace d'employer le canon à l'attaque des places; & qu'on ait jufqu'ici généralement défefpéré de tirer du fond même de cette fortification, des remèdes adaptés à la nature d'un mal qu'on ne foupçonnoit pas lorfqu'elle prit naiffance, & contre lequel on ne put par conféquent fonger alors à la prémunir.

Il y a cependant eu déjà un premier pas de fait dans cette carrière, avec un fuccès qui eût dû engager à en tenter d'autres: il eft dû à Cormontaingne. Ce célèbre ingénieur fentit combien étoit précaire la reffource de fauver à l'aide des irrégularités du terrain, le vice radical incohérent à notre ancienne fortification, & eut lieu de fe convaincre, dans l'occafion la plus importante, de l'infuffifance de cette reffource dans la plupart des cas. Il eut à couvrir les ponts de Metz fur la Mofelle par un grand ouvrage, dont le site et les environs formant une plaine unie, ne lui permettoient pas de fonger à en mettre les diverfes parties à l'abri du ricochet à l'aide du terrain. Il fut donc forcé de chercher dans la difpofition propre et intrinfèque, fi je puis m'exprimer ainfi, de fa fortification, les moyens d'en dérober à ce redoutable ricochet les parties les plus importantes, les faces de fes baftions, & c'eft à quoi il parvint en faifant l'angle flanqué de ceux-ci fort obtus, au moyen de ce qu'il prit une portion de poligone d'un très-grand nombre de côtés, pour la fortifier, et de ce qu'il agrandit affez fes demi-lunes pour qu'elles interceptaffent par leur faillie, les prolongemens des faces de fes baftions. On· eut donc dès-lors une méthode pour mettre à l'abri du ricochet les faces des baftions, quand ceux-ci appartenoient ou à la ligne droite, ou à des poligones. d'un très-grand nombre de côtés; car il ne falloit pas que ces poligones en euffent moins de quarante, pour profiter de la faillie fixée par Cormontaingne à fa demi-lune.

Mais cette méthode, évidemment précieufe pour difpofer le tracé de quelque grand ouvrage extérieur, ou de quelque portion plus ou moins confidérable de l'enceinte d'une grande place, a le défaut éminent de n'être pas générale, & de ne pouvoir être appliquée à l'enceinte entière d'une place, même de la plus grande; car aucune en Europe n'a un contour régulier de 40 côtés. Ses avantages inconteftables dans les cas affez rares où elle peut être employée, ne font donc qu'un motif de plus d'en chercher *une générale & applicable à tous les poligones quel que foit le nombre de leurs côtés ; de difpofer le tracé de la fortification de manière que par lui-même & indépendamment des accidens du terrain, il en dérobe toutes les parties à l'enfilade et à l'action du ricochet.* Et ce problème, que je m'étois proposé dès le début de cet ouvrage, & dont dès-lors j'entrevoyois l'utile folution ; ce problème que dès-lors il ne m'a pas été poffible de perdre de vue, je crois être maintenant en état de le réfoudre d'une manière paffablement fatisfaifante. On va en juger.

Soit le tracé d'un front de fortification du premier fyftéme Pɪ. 58. de Vauban. Je ne retranche point, comme Cormontaingne, de fig. 1. fes flancs, cette partie de leur parapet qui eft en arrière de la ligne de défenfe, parce que mon projet eft de la faire fervir comme les autres à la défenfe du foffé & du chemin couvert.

Le reſte de la ligne de crête de parapet du flanc, je le diviſe par parties de trois toiſes de longueur, à partir du point de rencontre de cette crête avec la ligne de défenſe, & à finir vers l'angle d'épaule, où la dernière partie ſe trouve avoir quelque choſe de plus que trois toiſes. Je fais enſuite ce raiſonnement.

Si, au lieu de laiſſer en ligne droite d'un bout à l'autre la face défendue par le flanc que je viens de diviſer, en ſorte qu'elle ſoit raſée dans toute ſa longueur par la pièce de canon occupant la première diviſion de ce flanc, je briſe ou courbe cette même face, de manière que, ſa première partie étant toujours raſée par la même pièce de canon, les autres le ſoient ſucceſſivement, chacune par une pièce de canon occupant l'une des autres diviſions de ce flanc; il eſt clair que la totalité de cette face ne ſera pas moins complétement raſée par le canon du flanc, qu'elle ne l'étoit avant que d'être briſée ou courbée, & que, au lieu d'aller ſe préſenter toute entière en ligne droite aux ricochets de l'aſſiégeant, elle s'y dérobera en ligne courbe, & rentrant d'autant plus vers l'intérieur de la place qu'elle approchera davantage de la capitale du baſtion, juſqu'à finir par l'atteindre. Chacun peut exécuter comme il voudra cette opération de la briſure ou courbure de la face, & celle de la courbure ſubſéquente du flanc, pour en rendre toutes les parties perpendiculaires, chacune à la partie de face qu'elle défend reſpectivement. Quant à moi, voici comment je les fais l'une & l'autre.

Je diviſe la face, à ſa ligne magiſtrale, en autant de parties que l'eſt déjà cette portion de la crête du parapet du flanc deſtiné à la défendre, qui ſe trouve en dehors de la ligne de

défenſe ; mais , au lieu de faire ces parties égales entre
elles, je les fais croiſſantes , en allant de l'épaule vers l'angle
flanqué, dans la raiſon ſuivante : 3, 4, 5, 6, 7, 8 , 9to, 9to
2^{pi} $7.^{po}$ Puis, de ce point de diviſion du flanc, qui eſt à trois
toiſes en avant de la rencontre de ce flanc avec la ligne de
défenſe, je tire par l'angle d'épaule oppoſé une ligne dont je
forme la première partie de ma face courbe, ou pour mieux
dire briſée, & je termine cette partie au point où elle eſt ren-
contrée par la perpendiculaire abaiſſée ſur elle de l'extrémité
de la première diviſion de trois toiſes de la face en ligne
droite. Cela fait, par ce point de rencontre, & par celui de
la diviſion ſuivante du flanc, je tire une ligne qui , terminée
par une perpendiculaire abaiſſée ſur elle de l'extrémité de la
ſeconde diviſion de quatre toiſes de la face droite , formera la
ſeconde partie de ma face courbe. Je continue de même juſqu'à ce que j'arrive au dernier point de diviſion de la ligne
de crête de mon flanc, à un peu plus de trois toiſes de l'épaule
de cette même crête, & ce dernier point de diviſion me ſert
à aligner la dernière partie de ma face courbe, répondant à
la fois aux deux dernières parties de la face droite.

Par cette conſtruction j'ai une face courbe, rentrante, en
dedans de la face droite d'un bout à l'autre, & de plus en
plus vers ſon extrémité, où cette rentrée eſt au moins de ſept
toiſes meſurées perpendiculairement à la face droite. Pour
augmenter encore cette rentrée à la crête du parapet, qui eſt
la ligne à enfiler par les ricochets, je renforce ce parapet d'une
toiſe de plus à l'angle flanqué qu'à l'épaule du baſtion , ſoit en
opérant tout le défilement de la face, ſi elle a du défilement,
par l'exhauſſement des terres au-deſſus de ſon revêtement tenu.

à cet effet de niveau (ce qui, en allongeant les talus à mesure qu'ils approchent de l'angle flanqué, les élargit dans la même raison par leur base), soit en épaississant purement le parapet à son sommet, soit enfin par la combinaison de ces deux moyens employés à la fois.

Mais résultera-t-il de là que ma face, étant courbe, ne puisse plus être enfilée par le tir du canon nécessairement en ligne droite ? Quoique cela soit rigoureusement vrai en théorie, je n'ai garde de le prétendre, ou au moins de prétendre à la réalité de cet avantage dans la pratique : car je reconnois de bonne foi qu'il reviendroit au même pour cette face, d'être battue à ricochet par une batterie établie sur le prolongement de sa dernière partie, aboutissant à l'angle flanqué du bastion, laquelle batterie écharperoit à revers le reste de cette face, ou d'être réellement enfilée à l'ordinaire d'un bout à l'autre. Mais je prétends, &, si je ne me trompe, avec raison, que le prolongement de cette dernière partie de la face sera incertain à la vue de l'assiégeant, & difficile à saisir, & que, s'il s'y trompe & se place en dehors de ce prolongement, il ne fera que labourer la plongée de mon parapet, ou tout au plus qu'écharper celui-ci dans ses parties voisines· de l'épaule du bastion. Il résultera encore de là que, supposé que l'assiégeant prenne parfaitement ce prolongement, il sera toujours obligé, pour y parvenir, d'embrasser par la parallèle qui soutiendra ses batteries à ricochet, un espace beaucoup plus étendu, & de s'exposer bien davantage à être pris en flanc & en rouage par les ouvrages collatéraux, qu'il ne l'eût fait en prenant le prolongement de la face droite, à laquelle nous avons substitué la nôtre ; ce qui, relativement à ces batteries & à l'extension des travaux de l'affiégeant, rend la défenfe de nos poligones du dernier ordre, même du pentagone & du carré, de même valeur que celle des poligones de l'ordre le plus élevé, dans les autres fyftèmes.

· Mais, de ces deux avantages, on voudra peut-être me contefter l'un, comme précaire & dépendant du défaut d'adreffe ou de perfpicacité de l'affiégeant, & ne pas trouver l'autre affez confidérable pour mériter qu'on faffe en fa faveur une innovation qui, à d'autres égards, pourra paroître avoir des inconvéniens. Je me hâte donc d'articuler l'avantage affuré & inconteftable de cette courbure des faces des baftions : c'eft de rendre l'angle flanqué de ceux-ci affez obtus pour que le prolongement de la dernière partie de leurs faces, de celle qu'il faut faifir pour battre avec fuccès ces faces à ricochet, foit intercepté par la faillie des demi-lunes collatérales, & que, par conféquent, ce prolongement ne puiffe plus être pris pour y établir ce ricochet, qu'il importe tant à l'affiégé d'éviter; en forte que ce que Cormontaingne n'atteignoit qu'à peine par Pᴸ. 5g. fa méthode, dans les poligones réguliers de quarante côtés, je l'obtiens fans effort par la mienne, dès l'octogone, comme on peut le voir planche 5g, & que j'y parviens même encore à l'heptagone en forçant, à la vérité, un peu de moyens. Il n'y a donc que l'hexagone & au-deffous, où je fois obligé de me contenter des feuls avantages que la courbure, ou rentrée des faces, donne par elle-même contre l'établiffement du ricochet, fans pouvoir y rien ajouter par la faillie de la demi-lune, qu'il m'eft impoffible de pouffer jufqu'au point de pouvoir, dans ces poligones du dernier ordre, intercepter les prolongemens des faces des baftions.

Pl. 58.
fig. 1.

Maintenant, pour courber le flanc de manière à ce que chacune de ſes parties devienne perpendiculaire à la partie de face courbe qu'elle défend, je tire de l'angle d'épaule de ladite face une ligne au point où la crête du parapet du flanc rencontre celle du parapet de la courtine, & de ce point j'élève perpendiculairement à cette ligne la première partie de la crête du parapet de mon flanc courbe. Du point où cette première partie rencontre la ligne de défenſe, je tire la ſeconde partie de la crête du parapet du flanc, perpendiculaire à cette ligne de défenſe, & ſucceſſivement les autres parties de crête du parapet de ce flanc, perpendiculaires chacune au prolongement de chacune des parties ſucceſſives de la face courbe. De cette manière il n'y aura pas un coup tiré perpendiculairement de ce flanc, qui n'aille raſer la face quelque part, & de là défendre le foſſé, où il y aura dans l'endroit où s'en fait le paſſage par l'aſſiégeant, une gerbe de feu formée de tous les coups tirés de ce flanc, ſans qu'il s'en égare aucun. La ſeule objection faiſable contre cette conſtruction, qu'il me ſoit donné de prévoir, c'eſt qu'il n'y aura à ce flanc qu'une, ou tout au plus deux pièces de canon, qui verront la brèche ſuppoſée faite à la dernière partie de la face, aboutiſſant à l'angle flanqué, tandis que, par la conſtruction ordinaire, elle ſeroit vue à revers de la plus grande partie de ce flanc. A cela, je réponds que, dans la brèche, on eſt toujours couvert du revers du flanc oppoſé, par le profil même de cette brèche le plus voiſin de ce même flanc, & que c'eſt, en conſéquence, toujours joignant ce profil qu'on a ſoin d'aborder la brèche, en dirigeant là le paſſage du foſſé & ſon épaulement. Ce n'eſt donc qu'à l'autre extrémité de cette brèche, là où l'aſſiégeant

n'a

n'a garde de l'aborder, que ce revers peut s'exercer fur un efpace d'une douzaine de pieds de profondeur, mais dans lequel le feu de l'affiégé n'auroit point d'objet; parce que, dans le cas où l'affiégeant couronneroit la brèche d'un logement, il auroit foin de le porter de ce côté, au-delà de ce qui eft vu du flanc, & que même fans cela il devroit chercher à le porter jufqu'au parapet de la fàce voifine pour occuper l'angle flanqué du baftion fi la brèche étoit voifine de cet angle, comme il eft affez ordinaire qu'elle le foit, & comme elle l'eft par fuppofition dans le cas qui nous occupe. On voit donc que l'effentiel à bien voir & à défendre du flanc, n'eft pas la brèche elle-même, mais le paffage de foffé qui y conduit; & notre flanc voit & défend parfaitement ce paffage (1).

(1) Il n'y aura évidemment pas un feul coup de notre flanc qui n'atteigne ce paffage dans quelqu'une de fes parties, & plus de la moitié de la longueur de ce même flanc verra le pied de la brèche, fût-elle ouverte à l'angle flanqué du baftion, & n'eût-elle qu'une douzaine de pieds de longueur de rampe dans le foffé. Il ne manquera donc réellement à notre flanc que ce tir en brèche, que je viens de prouver ne pouvoir fervir à rien, d'après la manière dont on aborde aujourd'hui les brèches & dont on s'y loge; fans compter que de 20 places qu'on prend, il s'en rend 19 fans qu'il y ait eu de logement fait fur leurs brèches, & quelquefois même fans qu'il y ait eu des brèches. Et ce feroit pour un avantage imaginaire, dans un cas affez rare de la fin de quelques fiéges, que l'on balanceroit à embraffer l'avantage réel à tous les fiéges, dès leur commencement & pendant tout le temps qu'ils durent, de fe mettre à l'abri du ricochet! C'eft ce que je ne crains point de la part d'hommes qui ont fait ou foutenu des fiéges, ou qui favent comment ils fe font & fe foutiennent Quant à ceux qui, fans favoir l'attaque ni la défenfe des places, n'en croient pas moins favoir la fortification, je ne me flatte pas d'avoir fi bon marché d'eux, déviant ouvertement, comme je le fais, du feul principe de fortification qui foit à leur portée.

J'ai oublié de dire que, pour s'épargner la peine de tracer notre flanc, partie par partie, l'on pourra le faire d'un feul arc de cercle dont le centre fera éloigné de l'angle d'épaule du tracé primitif de Vauban, qui fert de bafe au nôtre, de 15 pieds mefurés perpendiculairement à la ligne de défenfe, & avec l'ouverture de compas qui fe trouvera entre ce point & l'angle de flanc oppofé, pris à la crête du parapet. Cet arc de cercle comprendra toutes les petites perpendiculaires aux diverfes portions de la face, à l'enfemble defquelles (perpendiculaires) on le fubftitue, avec une exactitude fuffifante pour l'effet qu'on en attend, qui eft de rafer la face partout, fi ce n'eft immédiatement joignant l'épaule, où ce raffemblement n'eft nullement important.

On vient de voir l'utilité de la courbure du flanc pour l'avantage de la face; il eft jufte maintenant de dire un mot de l'avantage dont eft cette courbure pour le flanc lui-même. C'eft de le préferver d'être d'un bout à l'autre enfilé par le ricochet, bien moins adoffé, à la vérité, à cette partie de la fortification, dont tout l'effet femble réfervé pour la fin de la défenfe, qu'aux faces qui, dans le commencement, y jouent le principal rôle. Mais il y a une caufe plus vraie qui a préfervé jufqu'ici, fans doute, & qui préfervera peut-être encore long-temps les flancs d'être battus à ricochet; c'eft la difficulté de cheminer en avant fans mafquer ces ricochets une fois établis; c'eft la néceffité où l'on feroit & l'embarras qu'on auroit d'en tranfporter les batteries, de parallèle en parallèle, à mefure qu'on avanceroit.

EXPLICATION.
des figures relatives à ce chapitre.

PLANCHE LVIII.

FIG. I. *Changemens faits à la construction du corps de place du premier système de Vauban. Ils consistent :*

1.º *Dans la brisure ou courbure des faces, pour les dérober au ricochet.*

2.º *Dans la courbure des flancs, pour les rendre propres à raser dans toutes leurs parties ces nouvelles faces.*

PLANCHE LIX.

Front d'un octogone fortifié suivant la méthode de l'auteur, où l'on voit que les prolongemens des crêtes de parapet des faces de bastions des fronts voisins viennent ficher dans la demi-lune, qui dérobe conséquemment un prolongement à la vue, & ces faces aux ricochets de l'assiégeant.

N B. *Qu'on peut mieux saisir cet effet combiné de la saillie des demi-lunes & de la courbure des flancs de bastions sur la Planche LXI, Fig. I.*

C 2

CHAPITRE II.

Des changemens à faire aux chemins couverts.

Un des meilleurs efprits qui aient écrit fur l'art militaire, le général Lloid, regrette vivement que les ingénieurs n'aient pas tenté de rapprocher davantage le chemin couvert du rempart, afin que le feu de celui-ci fur la crête du premier, devenu plus meurtrier, en interdît, s'il fe pouvoit, l'attaque de vive force, & en rendît l'attaque pied à pied plus difficile & plus lente. Il défiroit auffi que les lignes de défenfe fuffent raccourcies pour que le feu des flancs & des rentrans fur les faillans de ce chemin couvert, qui font totalement dénués de protection directe, pour peu que l'ouvrage en arrière n'ait pas fon angle flanqué très-obtus, pût fuppléer à ce défaut & défendre efficacement ces faillans, qu'il eft fi effentiel à l'affiégeant d'emporter, puifqu'ils le conduifent à la prife prompte & facile de tout le refte du chemin couvert, s'il en a befoin, ou qu'ils l'en difpenfent s'ils fuffifent à contenir les batteries néceffaires pour ouvrir ce même ouvrage en arrière.

Tout cela me paroît très-bien vu : car quelque rapproché du rempart que foit maintenant le chemin couvert, dont la crête n'eft jamais à plus de 3o toifes de diftance perpendiculaire du premier, fi ce n'eft aux faillans des places d'armes tant rentrantes que faillantes, & quoique les lignes de défenfe prolongées depuis les flancs des baftions jufqu'à cette crête n'excèdent jamais la grande portée du fufil; l'événement de la plupart des attaques de vive force de chemin couvert, qui ordinairement, à la vérité, fe font à la faveur de la nuit, n'en

démontre pas moins que les différens feux du rempart man-
quent fréquemment leur objet lors de ces attaques. Il eſt vrai
que les branches du chemin couvert ſemblent être dirigées à
deſſein de dérober les places de leur glacis à l'action des flancs
des baſtions , & que la demi-lune qui, dans cette occaſion
devroit ſuppléer ces flancs avec d'autant plus d'avantage
qu'elle eſt, relativement à ces branches, mieux ſituée & plus
rapprochée qu'eux , eſt tellement tourmentée par les ricochets
de l'aſſiégeant qu'on ne péut y laiſſer conſtamment expoſée
une troupe conſidérable, qui y attend le moment de faire ſur
les chemins couverts attaqués un feu aſſez nourri pour être
meurtrier & d'un grand effet.

D'ailleurs ſi dans ſon attaque de vive force il convient
à l'aſſiégeant de deſcendre dans le chemin couvert , d'y faire
même logement, il le peut; aucun nouveau danger ne l'y attend.
Les traverſes , facilement tournées par la crête du chemin
couvert, ſont infailliblement abandonnées par l'aſſiégé, & ne
ſemblent placées là que pour épauler contre le feu des flancs
l'aſſiégeant & ſon logement. D'un autre côté , le foſſé eſt trop
large pour pouvoir être franchi par le jet de la grenade lancée
par la main de l'aſſiégé. Le chemin couvert eſt donc encore
par cette raiſon trop éloigné du rempart.

Mais outre ce défaut dont tout ce qui eſt ſubjugué par
la force de l'habitude, ne voudra peut-être pas convenir , nos
chemins couverts actuels en ont d'inconteſtables. Leurs longues
branches en ligne droite , fréquemment coupées de traverſes,
n'en ſont pas moins plongées dans leurs diverſes parties par le
même ricochet, ſurtout par celui des obus, qui franchit tantôt
l'une tantôt l'autre de ces traverſes ; en ſorte qu'elles ne

femblent fervir qu'à interdire abfolument toute circulation
d'artillerie dans le chemin couvert, & qu'à le priver de la
moitié à peu près de l'efpace que pourroit y occuper la moufqueterie par celui qu'occupent leur maffif & le paffage
tournant autour, laiffé fans banquette. Ces traverfes font
d'ailleurs véritablement *intenables* dans toute attaque de vive
force, l'affiégeant fe portant par la crête du glacis fur leur
flanc, & en plongeant à bout portant les défenfeurs, que rien
ne couvre de ce côté. Il pourra être, à la vérité, interpofé
une feconde paliffade entre la crête du chemin couvert & ces
mêmes défenfeurs, qui, fous ce foible abri, oferont alors,
quoique toujours plongés, s'oppofer de front à l'ennemi. Mais
fi celui-ci eft arrivé fur la crête du chemin couvert, fuffifamment en forces & préparé à cette double paliffade; s'il en
accable les défenfeurs acculés au foffé, par un feu plongeant
de grenades & de moufqueterie; s'il brife, par quelques coups
d'un canon ou obufier amené fur la crête du chemin couvert,
les tambours (1) des faillans, au cas qu'ils ne l'aient pas été
déjà précédemment par les ricochets; s'il grimpe le long des
talus en terre de ces traverfes elles-mêmes, pour enfiler de là
cette feconde paliffade; il eft évident que ceux qui la défendent
& fes traverfes avec elle, y courront plus de danger encore
que ceux qui les attaquent, & que par conféquent tous ces

---

(1) Reconnoiffons encore que ces tambours, tant qu'ils exiftent, marquent
la crête du glacis des faillans dans lefquels ils font conftruits, à l'artillerie
des flancs, la feule qui, à cette époque du fiége, foit pleinement en état
d'agir, celle des angles flanqués, que d'ailleurs ces tambours gênent,
devant alors être démontée par les coups tant de plein fouet qu'à ricochet
de l'affiégeant, qui prefque tous jufqu'ici lui ont été adreffés.

travaux de défenfe, exécutés pour faire tant foit peu valoir
le chemin couvert, palliatifs vantés parce qu'on n'a point de
véritables remèdes à appliquer au mal, n'en laiffent pas moins
ce chemin couvert & fes traverfes complètement infultables
par un affiégeant qui fait & veut faire fon métier.

Mais fi l'affiégeant veut s'en épargner les périls & la perte,
dont celle de l'affiégé, bien moins en état que lui d'en fup-
porter, eft cependant bien faite pour le dédommager, il lui
eft facile de parvenir de même à chaffer ce dernier des faillans
de fon chemin couvert, pour en faire enfuite, pied à pied,
le couronnement, ainfi que celui du refte du chemin couvert;
de le chaffer, dis-je, de fes faillans, à l'aide de cavaliers de
tranchée élevés à une médiocre hauteur, fur des glacis tenus
néceffairement en pente douce, devant une fortification peu
dominante & féparée de fon chemin couvert par un large foffé.
Les chemins couverts actuels font donc évidemment, par les
vices de leur pofition & par ceux de leur conftruction, également foibles contre les attaques de vive force & contre
les attaques pied à pied. Cherchons donc quels changemens
il convient d'y faire pour les mettre à l'abri des défauts que
nous leur reconnoiffons, & pour en rendre la prife & le cou-
rónnement, finon impoffibles, du moins fi difficiles qu'il
faille pour les effectuer d'autres moyens que ceux dont on
fait maintenant ufage.

Le premier de ces changemens eft de faire les foffés moins
larges; & leur vraie largeur eft, felon moi, donnée par la
portée de la grenade: car il faut que fi l'affiégeant defcend
dans le chemin couvert, & que par-là il échappe à quelque
feu, foit d'artillerie, foit de moufqueterie, il s'y trouve expofé

à une nouvelle arme, tellement meurtrière qu'il foit impoſſible qu'il ait gagné au change. Or la portée de la grenade, horizontalement de 13 à 14 toiſes, s'allonge d'une toiſe au moins par toiſe de commandement qu'a le lieu d'où elle part fur celui où elle arrive. Ainſi en donnant, comme nous le faiſons, 19 pieds de commandement à la crête du parapet du rempart, fur le bord du foſſé ou fommet de la contreſcarpe, il ne faudra pas que ce fommet de contreſcarpe foit éloigné de la crête de parapet du rempart en arrière, de plus de 16 toiſes, ſi l'on veut que la grenade lancée de deſſus la banquette de ce rempart parvienne dans le chemin couvert. Nous donc, qui donnons juſqu'à 4 toiſes d'épaiſſeur par un bout, au parapet de la face du baſtion, & qui lui fuppoſons encore 1to 3^{pi} de largeur de talus, nous ne pouvons donner plus de 10to de largeur à notre foſſé (1). Voici comment nous le traçons.

Pl. 58. fig. 2.

Après avoir décrit de l'angle flanqué comme centre, avec un rayon de 10 toiſes, l'arrondiſſement de la contreſcarpe, nous y menons une tangente parallèle à la première partie de la face, que nous terminons à ſa rencontre avec la perpendiculaire élevée de l'extrémité de cette partie ; de là nous menons une parallèle à la feconde partie de cette face, terminée de même par la rencontre de la perpendiculaire élevée à l'extrémité de cette feconde partie. De ce dernier point nous achevons le tracé de la contreſcarpe, en en dirigeant le reſte à

(1) Il eſt évident que cette largeur fuffira pour que les coups de fufil du rempart atteignent au pied de la banquette du chemin couvert, ſi l'on donne au parapet du premier un pied de plongée par toiſe, plongée qui, quoique plus forte que la plongée ordinaire, réglée fur une largeur de foſſé de moitié plus grande que celle des nôtres, eſt cependant fans aucun inconvénient ..,... de ceux au moins qu'il me foit donné d'apercevoir.

l'angle

l'angle d'épaule, non de l'efcarpe, mais de la crête du parapet
du baftion, afin que rien de cet étroit foffé ne foit mafqué à
aucune partie du flanc deftiné à le défendre.

Maintenant, pour tracer le chemin couvert, je commence
par prolonger au-delà de la contrefcarpe les parties extrêmes
de l'efcarpe du baftion, joignant l'angle flanqué, pour en faire
le pied du talus des traverfes du faillant du chemin couvert.
J'y mène, du côté de ce faillant, des parallèles à 3 ^{to} 3 ^{pi} de diftance, fur lefquelles feront pris les crochets du paffage des
traverfes; je prends fur ces parallèles des points à 4 ^{to} 3 ^{pi} de
diftance perpendiculaire de la contrefcarpe, & par ces pointes
je tire des angles de flanc oppofés, pris non à l'efcarpe mais
à la crête du parapet, des lignes qui, par leur rencontre,
forment le faillant du chemin couvert.

J'achève enfuite les traverfes de part & d'autre de ce
faillant, en donnant 3 ^{to} d'épaiffeur, non compris le talus, à leur
parapet. J'en termine la crête à fa rencontre avec le prolongement de la ligne de crête du chemin couvert en avant;
puis je fais à ce parapet un recouvrement en flanc, de la
même épaiffeur, dont j'aligne le dehors, ou le bas du talus
extérieur de parapet, avec le même angle de flanc que la ligne
de crête du chemin couvert, & dont je termine le dedans en
crête de parapet à une toife de contrefcarpe. Par-là, au lieu
d'une fimple traverfe, j'ai un petit rédan d'auffi bonne défenfe en flanc que de face. Je porte en avant de l'extrémité
du recouvrement de cette traverfe à l'extérieur, 3 ^{to} 3 ^{pi}, &
par ce point, de l'angle de flanc précédent, que pour abréger
j'appellerai *l'angle de défenfe*, je tire jufqu'au crochet précédemment tracé, la feconde branche de mon chemin couvert; en

forte que ce chemin couvert fe trouve tourner autour de la
traverfe ou redan à 3 ^{to} 3 ^{pi} de diftance. J'arrête cette 2.e branche
au point où elle n'eft plus qu'à 4 ^{to} 3 ^{pi} de diftance perpendiculaire de la contrefcarpe, puis j'élève à ce point, au dehors,
le 2.^{d} crochet, faifant avec cette même branche un angle de
cent degrés.

En arrière de ce crochet je conftruis une 2.de traverfe à redan,
comme la première & d'après les mêmes données. A 3 ^{to} 3 ^{pi}
de diftance de l'extrémité de fon recouvrement à l'extérieur, je
tire de l'angle de défenfe la 3.e branche, que je termine, par
un bout, au ricochet précédemment décrit, & par l'autre, à
4 ^{to} 3 ^{pi} de diftance perpendiculaire de la contrefcarpe. Là,
un 3.e crochet, une 3.e traverfe à redan, & une 4.e branche de
chemin couvert, font décrits fuivant les mêmes principes que
les précédens, fi ce n'eft que le recouvrement de cette troifième
traverfe eft porté jufqu'à la contrefcarpe, pour avoir à peu
près la même longueur que les autres.

A l'extrémité de la 4.e branche du chemin couvert, on
fait la place d'armes rentrante, qu'on trace en arc de cercle,
dont on trouve le centre en prolongeant cette 4.e branche,
jufqu'à ce qu'elle rencontre la perpendiculaire de front, ou
en d'autres termes, jufqu'à ce qu'elle rencontre le prolongement de la 4.e branche du chemin couvert de l'autre demi-
front. C'eft de ce point de rencontre, comme centre, qu'on
décrira un arc de cercle qui, joignant les extrémités des dernières branches des deux demi-fronts, en formera la place
d'armes rentrante ou *du centre*. Tel eft le tracé du chemin
couvert, fur lequel nous obfervons que, fi au lieu d'un octogone on avoit un dodécagone ou un polygone d'un nombre

encore supérieur de côtés à fortifier, au lieu de trois traverses
& de quatre branches, on n'auroit que deux traverses & trois
branches de chemin couvert.

Quant au relief de cet ouvrage & au profil que nous lui Pl. 61.
donnons, les voici. Ses rentrans sont élevés de 7 pieds & demi fig. 1.
au-dessus du terrain naturel, & ses saillans le sont de deux Pl. 60.
pieds de plus. Le talus intérieur de son parapet est revêtu, fig. 2.
jusqu'à un pied de son sommet, par un mur de trois pieds
d'épaisseur, sans aucun talus & sans aucune retraite, qui em-
pêcheroient d'appliquer la palissade immédiatement à ce revêtement. Derrière celui-ci règne la banquette, de 4 pieds
seulement de largeur de terre-plein, réduite à 3 pieds quelques
pouces après la palissade plantée, largeur suffisante à un seul
rang de fusilier que je destine à l'occuper. Le talus de cette
banquette n'a également que 4 pieds de base, attendu que
je ne lui en donne que 2 de hauteur ; le terre-plein du
chemin couvert n'étant, au pied de sa banquette, enfoncé que
de 6 pieds & demi au-dessous de la crête de son parapet. De
là au sommet de la contrescarpe, ce terre-plein descend encore
de six pouces au-dessous de ses parties les plus basses au pied
de sa banquette, & ce terre-plein, quoique moins enfoncé
d'un pied que ceux de Vauban & de Cormontaingne, ne sera
pas plus exposé qu'eux à être plongé, attendu le défilement
de deux pieds qui règne des saillans aux rentrans ; & ce pied
d'enfoncement de moins est autant de moins de dérobé aux
coups du rempart plongeans dans ce terre-plein, ou, si l'on
veut, ce pied d'élévation de moins de la crête du glacis au-
dessus de ce terre-plein, est autant de commandement de
plus que gagne le rempart sur cette même crête du glacis.

D 2

Paſſons maintenant à examiner les communications de ce chemin couvert avec le foſſé, & la retraite du premier dans le ſecond par les eſcaliers, ainſi que le ſoutien de cette retraite par les traverſes à redan & le réduit qu'on voit ſur la contreſcarpe à la gorge de la place d'armes du centre. .

Pl. 58.
fig. 2. A côté de chaque traverſe je pratique un eſcalier, dont la largeur de 4 pieds eſt priſe, par en haut, aux dépens du côté extérieur de la traverſe, & par en bas, aux dépens de la largeur du foſſé. Par là je ne retranche du parapet de la traverſe que ce qui ne lui ſert à rien, je démaſque d'autant au feu du flanc l'intérieur du chemin couvert ; & la retraite de celui-ci, par l'eſcalier, ſe faiſant ſous le bout du fuſil des défenſeurs de la traverſe, en eſt protégée juſque ſur l'eſcalier qui paſſe à une douzaine de pieds au-deſſous d'eux. .

Pour que ceux-ci puiſſent vaquer en toute ſûreté à ce ſoin important, & n'aient pas à craindre d'être emportés en même temps que le reſte du chemin couvert, voici de quelle manière je les retranche dans cette traverſe. J'arme celle-ci d'une fraiſe, dont la pointe eſt défendue par la mouſqueterie même du parapet de la traverſe, & le pied par celle des créneaux d'une galerie pratiquée ſous le maſque de ce parapet. Cette galerie, dont le ſol eſt enfoncé de 4 ^{pi} 4 ^{po} au-deſſous du ſol du chemin couvert, a pour contreforts, de toiſe en toiſe, Pl. 60.
fig. 2. les pieds-droits d'autant de petits berceaux qui lui ſont perpendiculaires ſur 4 pieds de longueur, & au bout de chacun deſquels ſe trouve un créneau percé, à hauteur du ſol du chemin couvert, dans un mur qui ne s'élève que de 2 pieds au-deſſus de ce ſol, de manière cependant que de ce même créneau l'on peut tirer auſſi ſur tout ce qui ſe préſente ſur la crête du chemin couvert.

On defcend de la traverfe dans cette galerie crénelée, par un efcalier pratiqué fous le recouvrement de cette traverfe, & de cette galerie, par un autre efcalier, dans la galerie magif-trale qui règne fous la banquette du chemin couvert & com-munique avec la place par la caponnière voûtée qui traverfe le foffé. De cette manière la défenfe de la traverfe & celle du chemin couvert qu'elle foutient, font indépendantes l'une de l'autre, ce qui eft de la plus grande importance; & la retraite du chemin couvert fe fait fans paffer par la traverfe, & par conféquent fans y porter l'inquiétude, le défordre, & quelquefois même le découragement, qui y entreroient à la fuite de gens un peu vivement pourfuivis.

J'avois d'abord penfé à profiter de cet efpace d'une toife laiffé entre la contrefcarpe & l'extrémité du recouvrement de la traverfe, pour y placer une barrière, qui eût fervi, tant à venir renforcer au befoin la garde de la traverfe, de tout ou partie de celle de la branche en arrière, qu'à rentrer de la traverfe dans le chemin couvert: mais, en y réfléchiffant mieux, l'indépendance de la traverfe & fa féparation abfolue du chemin couvert m'ont paru préférables; d'autant que l'efcalier qui fe trouve à chaque branche, eft plus que fuffifant pour rentrer partout du foffé dans le chemin couvert, & que le large paffage qui tourne autour de chacune de fes traverfes, donne les plus grandes facilités pour fe remettre promptement par la force en poffeffion de telle de fes parties que ce puiffe être où l'ennemi auroit pénétré (1). Je préférerois donc, ou de

_____

(1) On réattaquera en effet toujours facilement toute partie de chemin cou-vert occupée par l'affiégeant, en fe formant dans les parties voifines, der-rière & à l'abri des traverfes, fous la protection defquelles on débouchera

fupprimer le petit intervalle laiffé entre la queue de la traverfe
& la contrefcarpe, ou de le fermer par un bon mur crénelé
avec banquette en arrière, fi cet intervalle étoit jugé néceffaire
pour conferver, dans l'intérieur de la traverfe, un efpace
que celui qu'occupe fon efcalier pourroit y faire regretter.

On fait dans la place d'armes du centre un réduit ou
petit ravelin à flancs, pour d'autant mieux foutenir, tant par
du canon que par de la moufqueterie, les branches du chemin
couvert. On le fépare du terre-plein de la place d'armes par un
foffé de quinze pieds de largeur, tel que celui que Cormontaingne met autour des réduits de fes places d'armes rentrantes.
Ce foffé, parallèle aux faces du réduit d'un bout à l'autre, eft
défendu, ainfi que ces faces, par les flancs des baftions; & la
grandeur & la faillie du réduit font arrangées de manière qu'il
fe trouve, entre l'arrondiffement de fa contrefcarpe & la crête
du chemin couvert, la même diftance de 3 ^{to} 3 ^{pi}, qui fe trouve
dans tous les paffages de traverfes. On defcend de la place
d'armes dans le foffé du réduit, moins profond à fa naiffance
qu'à fon arrondiffement, par des efcaliers qui l'atteignent à
fa naiffance, & de ce foffé dans celui du corps de place, par
des efcaliers adoffés aux profils des flancs de ce même réduit,
dont la gorge eft tirée parallèle à la courtine & alignée à l'extrémité de l'avant-dernière partie de l'efcarpe des faces des
baftions; en forte qu'il eft impoffible à l'affiégeant de découvrir
quoi que ce foit de l'intérieur de ce petit ouvrage.

enfuite de part & d'autre, non en défilant un à un, comme dans les
paffages de traverfes d'un chemin couvert à l'ordinaire, mais en colonnes
de 10 à 12 hommes de front, par les paffages de 3 ^{to} 3 pi de large, qui
tournent autour des nôtres.

Maintenant, fi nous confidérons ce qui aura lieu à la défenfe de ce chemin couvert, nous reconnoîtrons que les troupes
tant d'infanterie que de cavalerie, & même le canon, y pourront circuler librement; que par quelque point que ces
troupes veuillent faire une fortie, elles y aboutiront facilement
dès parties de ce chemin couvert les moins expofées, fans
avoir befoin d'être tenues long-temps raffemblées dans celles
que le feu de l'ennemi rend dangereufes à occuper en maffe;
que dans quelque lieu que le canon y veuille agir par plongée,
par-deffus la paliffade, il le pourra, fans avoir befoin de machines pour être guindé au-deffus de la contrefcarpe, & fans
être retenu au pofte qu'il aura une fois occupé par la difficulté
d'en être retiré. Il pourra donc n'agir que dans les lieux &
dans les momens où l'on s'en promettra le plus d'effet, &
dans ceux où il n'aura que peu à rifquer lui-méme; car dès
qu'il viendra à perdre, fous l'un ou l'autre de ces points de
vue, il lui fera facile de prendre d'autres emplacemens où il
retrouvera encore pour quelque temps les mêmes avantages.

D'un autre côté ce chemin couvert, partout à crémaillère
& partout bordé de banquette, donnera, pour les feux de
moufqueterie croifés en tous fens, des avantages & des facilités
qu'on ne trouvera point dans le chemin couvert actuel : car,
quelque multipliées que puiffent être les batteries à ricochet
de l'affiégeant, elles n'en pourront enfiler toutes les branches
& encore moins tous les crochets; &, quelque abondans que
foient fes feux de projection, l'affiégé qui a partout de l'efpace
& la facilité de se mouvoir en tout fens, échappera facilement à leur effet en profitant des fréquens abris que lui
donneront fes traverfes & leurs crochets. Il fe confervera donc

toujours un feu vif de mousqueterie, surtout dans les nombreux saillans de ce chemin couvert, & ce feu en rendra l'attaque de vive force meurtrière dès le début, sans exposer à aucune perte sensible l'assiégé, qui a dans chaque branche de ce chemin couvert sa retraite facile & protégée par le feu d'une traverse que rien ne l'oblige à abandonner, comme celles du chemin couvert actuel.

En effet, ces traverses, sans masquer en rien le feu du rempart & sans être plus élevées que les saillans du chemin couvert, en seront cependant défilées de manière à n'en être pas plongées derrière la crête de leur parapet (1), & en commanderont même les rentrans plus rapprochés d'elles que les saillans, & tenus plus bas que ces derniers d'environ deux pieds (2). Ces traverses, qu'on aura eu soin de garnir complétement de monde à leurs deux étages dès l'instant où l'on aura eu à craindre l'attaque de vive force du chemin couvert, ne pourront être forcées d'emblée, à cause de leur fraise,

(1) Il ne faut pas croire que j'entende par là que la crête de leur parapet sera dans un plan de défilement parallèle à celui des parties du chemin couvert qui les environnent : non, cette crête sera dans un plan de défilement d'une rampe plus roide, passant de cinq pieds au-dessus des parties environnantes du chemin couvert ; & comme un fusilier ne peut guère tirer que de quatre pieds & demi de hauteur, il arrivera de là que celui de l'assiégeant sera toujours d'un demi-pied *trop court* pour pouvoir enfiler la crête des parapets de nos traverses, quand bien même il se placeroit précisément sur la crête du chemin couvert.

(2) Je dis *environ*, parce que la nécessité de défiler ces branches inégalement longues, des saillans les unes des autres, obligera à en enfoncer inégalement les rentrans. On ne peut donc déterminer précisément, ni surtout uniformément, ce commandement ; seulement on fera en sorte qu'il ne s'éloigne que peu, soit en plus soit en moins, de cette quantité de 2 pieds.

défendue

défendue haut & bas par leurs deux étages de feu: mais le
fuffent-elles par impoffible à leur étage fupérieur, ou bien
l'affiégé n'y pût-il foutenir la violence de la moufqueterie de
l'affiégeant & celle de fes grenades, qui toutes à peu près,
cependant, doivent rouler dans le foffé en arrière, faute d'efpace où s'arrêter ; ces traverfes n'en continueroient pas moins
le feu de leur étage inférieur, où l'affiégé, *claquemuré* au
moyen de fa double porte &, s'il le faut, d'un *mafque*, en
termes de mineurs, n'aura rien à craindre de l'affiégeant qui ;
juché fur l'étage fupérieur de ces traverfes, n'y tiendra pas
deux minutes contre le feu à bout portant des remparts de
la place, contre lequel, faute d'efpace, il ne pourra fe pratiquer
d'abri.

Mais, me dira-t-on, pour rendre inutile et vain l'étage
fouterrain de vos traverfes, on fera pied à pied l'attaque de
votre chemin couvert ? Je le crois bien, & ce n'eft pas pour
moi un léger avantage d'être affuré qu'elle ne pourra fe faire
autrement ; mais alors chaque traverfe, chaque crochet de
crémaillère du chemin couvert, oppofera un feu de grenades
& de moufqueterie *debout* à chaque fappe du couronnement,
que rien d'ailleurs ne dérobera à l'action du feu dominant &
plongeant du rempart de la place.

On a vu que la portée de ce feu étoit raccourcie au moyen
de la diminution de la largeur du foffé, ce qui, à ne fuppofer
que le même commandement du rempart fur le chemin couvert, rendroit déjà lé feu du premier fur le fecond plus plongeant, en raifon de ce que l'angle de plongée feroit devenu
plus grand : mais, loin de nous en tenir là, nous augmentons
encore ce commandement en lui-même ; car, au lieu de 8 à

9 pieds de commandement uniforme qu'ordinairement on donne au parapet du rempart fur celui du chemin couvert, nous lui en donnons un de 10 pieds fur les angles faillans, & de 12 fur les rentrans. D'un autre côté, pour que rien fur ce glacis ne fe dérobe au feu du rempart en arrière, & que tout s'y préfente comme en amphithéâtre au feu des flancs collatéraux vers l'un defquels chaque branche de chemin couvert eft dirigée, nous en tenons les arêtes fort douces & inclinées de façon à paffer par la genouillère du canon en batterie fur le rempart (1), & les *gouttières* ou autres extrémités latérales du glacis des mêmes branches, le plus roides poffible & dirigées à la crête du parapet de ce même rempart. De cette manière les pans du glacis, qui ne feront plus plans, mais courbes & *gauches en ailes de moulin à vent,* offriront une grande difficulté de plus au défilement des travaux de l'affiégeant qui y feront dirigés dans le fens de leur longueur, attendu que les traverfes & recouvremens par lefquels ce défilement devra s'opérer, étant toujours établis fur un fol moins élevé que celui

PL. 61. fig. 1.

(1) Ceci n'a pu s'effectuer au corps de place que relativement à l'arête en capitale de chaque baftion, qui eft à la vérité celle de ces arêtes où cette difpofition eft le plus utile, puifque c'eft celle à droite & à gauche de laquelle s'établiffent les cavaliers de tranchée. Quant aux autres arêtes, il a fallu les faire affez plonger dans le terrain pour que les gorges des ouvrages détachés en avant euffent un relief fuffifant au-deffus de la queue des glacis : cependant, aucune de ces arêtes ne plonge dans le terrain de manière à defcendre au-deffous de la ligne de tir de la crête du parapet du rempart, dirigée par celle du parapet du chemin couvert. Voy. pl. 61, fig. 1. Au refte il vaudroit peut-être mieux diriger toutes ces arêtes à la genouillère du canon des remparts, quitte à reporter les gorges des ouvrages détachés affez en avant pour qu'elles euffent encore un relief fuffifant au-deffus de la queue des glacis du corps de place.

des travaux qu'ils auront à couvrir, devront, pour remplir leur objet, redoubler de hauteur & de bafe (1): de là, difficulté exceffive d'exécuter fur ces faillans, foit le couronnement du chemin couvert, foit les cavaliers de tranchée.

Quant à ces derniers, deftinés à enfiler des branches qui ont environ 2 pieds de défilement fur 17 toifes de longueur, ils auront befoin, à 14 ou 15 toifes, diftance à laquelle on les conftruit, de s'élever auffi de près de 2 pieds de plus que le point le plus haut de ces branches, c'eft-à-dire, que le faillant; & comme à cette diftance ils fe trouvent fur un fol plus enfoncé déjà de cinq pieds (2) que la crête du glacis, il s'enfuit

(1) Il y a dans tout ceci une faute que je n'ai pas commife & que je ne laisse fubfifter que pour faire voir combien j'attache de prix à forcer l'affiégeant de développer fes travaux fur des furfaces qui defcendent & fe préfentent en amphithéâtre à mes flancs : cette faute eft de dérober à tout feu d'artillerie de mes remparts les gouttières, ainfi que ce qui les avoifine le plus dans les pans gauches & courbes dont j'ai formé ce glacis, au lieu de le former à l'ordinaire par des plans. Heureufement qu'il n'est nullement néceffaire de commettre cette faute pour donner à nos flancs l'avantage que nous avons en vue ; car il fuffit pour cela du défilement de deux pieds qu'ont nos courtes branches de chemin couvert, de la rentrée confidérable de ces branches vers la place, & du commandement élevé pris par notre rempart fur un glacis qui en eft fingulièrement rapproché. L'on peut donc s'en tenir à la règle de faire *plans* les pans du glacis, & puisque les arêtes & les crêtes de ce glacis font déterminées, il s'en fuit que fes plans le font en entier, & par conféquent fes gouttières, qui appartiennent à ces plans & alors ces gouttières font foumifes, auffi & même plus encore que les arêtes, au canon du rempart.

(2) Je parle ici dans l'hypothèfe de la note précédente ; car fi je m'en étois tenu à celle de mes gouttières renfoncées de manière à ce que leurs prolongemens vinffent rafer la crête du parapet du rempart, le fol des cavaliers de tranchée, au lieu de n'être enfoncé que de 5 pieds au-deffous

que, pour peu qu'on veuille qu'ils plongent dans le chemin couvert, il faudra les porter à plus de 7 pieds de hauteur, ce qui demandera d'abord beaucoup de travail & de temps, & deviendra ensuite encore plus embarraffant pour leurs recouvremens placés plus bas encore fur la rampe du glacis.

Que fi l'on penfe que l'affiégeant tranchera ces difficultés de la conftruction des cavaliers de tranchée, & que, fuppléant à leur effet au moyen de pierriers multipliés qui, établis dans fa troifième parallèle, faffent abandonner le chemin couvert & l'étage fupérieur des traverfes, il viendra en fape double & debout former un petit couronnement à la pointe de l'angle de chaque

du faillant du chemin couvert, le feroit de 11 pieds, ce qui, joint aux 2 pieds de défilement des branches qui forment ce faillant, feroit 13 pieds de hauteur qu'il faudroit donner à ces cavaliers. En outre, le point de la capitale d'où l'on partiroit pour arriver fur l'emplacement de ces cavaliers, feroit élevé de 7 à 8 pieds de plus que cet emplacement, ce qui rendroit impraticables les recouvremens, qui, pour pouvoir remplir leur objet, deviendroient de vraies montagnes.

Mais, fi feulement les gouttières étoient dirigées à la genouillère du canon, à 3 pi 6 po au-deffous de la crête de parapet du rempart, le fol des cavaliers de tranchée fe trouveroit encore de 8 pieds plus bas que le faillant du chemin couvert; ce qui, joint aux 2 pieds de défilement de chaque branche de ce faillant qu'il faudroit regagner, porteroit ces cavaliers à 10 pieds de hauteur au moins. En outre, le point de la capitale d'où l'on partiroit pour arriver à l'emplacement de ces cavaliers, feroit plus élevé encore de près de 5 pieds que cet emplacement, ce qui le rendroit fuffifamment impraticable à couvrir. Cette dernière difpofition de glacis, qui n'en déroberoit aucun point au feu du canon du rempart, & dont l'unique défaut feroit de donner, au lieu de plans, des pans gauches en ailes de moulin à vent, feroit donc la meilleure à prendre. Au refte le lecteur peut choifir entre trois difpofitions différentes que lui offre ma manière pareffeufe de travailler, qui confifte à avertir feulement des corrections à faire, en laiffant fubfifter les fautes une fois faites.

place d'armes faillante, & qu'il échappera à la difficulté de
prolonger ce couronnement en defcendant dans le chemin
couvert après en avoir ruiné les traverfes par quelques coups
de canon tirés de ce même petit couronnement; que fi l'on
penfe que cela lui fera facile, & qu'enfuite il lui fera poffible
d'étendre fuffifamment fes logemens, & de trouver pour fon
artillerie affez d'efpace dans mon chemin couvert qu'élargiffent
fes faillans multipliés : je répondrai qu'il ne faut fe faire d'idées
exagérées ni de l'effet des pierriers de la troifième parallèle,
ni de celui du canon du petit couronnement de la pointe des
places d'armes faillantes; qu'on peut fe mettre à l'abri du
premier, dans les traverfes & dans telle autre partie du chemin
couvert où l'on a intérêt de tenir opiniâtrément, par de petits
auvens de madriers ou de claies, formés au pieds de la banquette, fous lesquels on fe réfugiera dès qu'on verra venir la
décharge d'un pierrier; que, quant au canon de ce couronnement en raccourci, il ne faut pas croire que ce ne foit pour lui
que l'affaire de quelques coups de ruiner la galerie crénelée
d'une de nos traverfes : car faites attention que la maçonnerie
de celle-ci ne fe préfente que de 2 pieds hors de terre,
qu'elle a 4 pieds d'épaiffeur; qu'elle eft foutenue en contreforts
par les pieds droits, de 4 pieds auffi de longueur, des petites
galeries, & par leurs voûtes contre-buttées par celle de la
grande galerie; & que par conféquent le canon du petit couronnement, au nombre de deux ou trois pièces au plus, en
butte à tout celui de la place & furtout à celui des flancs qui
le prend de chaque côté en rouage, aura le tems d'être démonté dix fois (fuppofé toutefois qu'on ait pu l'établir) avant
d'avoir eu celui de ruiner une feule traverfe.

Mais fuppofons encore que l'affiégeant y réuffiffe , qu'il defcende dans le chemin couvert, & qu'il cherche à y étendre fes logemens en s'y épaulant du maffif des traverfes qu'il aura ruinées : croit-on qu'il trouvera dans cette pofition enfoncée dé bien grands avantages? D'abord, il y fera, au pied de la banquette, fous la plongée d'un commandement de 18 pieds & demi, à 18 ou 20 toifes de diftance; il y recevra les grenades de l'affiégé qui, parvenant au-delà de la contrefcarpe, rebondiront & rouleront jufqu'au pied de la banquette. Voilà pour les petites armes. Maintenant, s'il y a poffibilité de replacer momentanément à l'angle flanqué quelque canon ou obufier, ce canon chargé à mitraille va faire parmi les affiégeans un terrible ravage; celui des flancs, lefquels voient enfemble la place d'armes entière, va rendre celle-ci abfolument *intenablè*, foit par le choc de fes boulets, foit furtout par les éclats qu'ils feront dans les maçonneries ruinées des traverfes & dans le revêtement & les paliffades du parapet du chemin couvert. Joignez à cela les pierres que lanceront les pierriers de l'affiégé placés derrière l'angle flanqué, foit fur le terre-plein, foit au bas du talus du rempart, & convenez que l'affiégeant n'aura évité les difficultés du couronnement du chemin couvert que pour en venir chercher de pires dans fon terre-plein. Concluons donc qu'il fera mieux de chercher à furmonter les premières à force de patience & de travail, en multipliant & en exhauffant les traverfes de fon couronnement, que de s'enfoncer dans un véritable *guêpier*, où l'effet des coups directs de l'affiégé eft multiplié par les éclats & le rebondiffement qu'ils font dans les maçonneries qui bordent les flancs & les derrières du logement que l'affiégeant effayeroit de s'y former.

EXPLICATION

des figures relatives à ce chapitre.

PLANCHE LVIII.

F I G. II. *Tracé complet de la contrescarpe et du chemin couvert d'un front du corps de place, suivant la méthode de l'auteur.*

PLANCHE LIX.

F I G. II. *Profil pris sur la ligne A B de la planche LVI , qui fait voir la coupe d'une traverse à redan du chemin couvert, sa galerie crénelée, la galerie magistrale au-dessous, au moyen de laquelle on communique de la place à cette traverse : on y voit en même temps le commandement du rempart sur cette traverse et sur le chemin couvert.*

PLANCHE LXI.

F I G. I. *Fait voir le relief d'un demi-front de fortification suivant la méthode de l'auteur.*

CHAPITRE III.

Des changemens à faire à la construction des dehors.

Le premier des dehors dont nous ayons à nous occuper, est la tenaille. D'abord à flancs, dans la vue de défendre par un second étage de feu le fossé des bastions, celui qu'il faut passer pour monter à la brèche, elle fut bientôt bornée à n'être qu'un prolongement de ces mêmes faces, tenu assez bas pour ne pas masquer au feu des flancs, l'abord de la brèche ; car on avoit reconnu que les flancs qu'on lui avoit donnés n'étoient plus tenables au moment où l'on avoit compté de s'en servir.

Mais on n'est guères moins embarrassé de tirer parti de cet ouvrage depuis sa nouvelle construction qu'on ne l'étoit lors de l'ancienne ; car, tenu forcément plus bas que la crête du chemin couvert, il n'a que peu d'effet par son feu sur le couronnement de celui-ci, qui, au contraire, prend sur lui de très-grands avantages. Par cette raison & par celle de l'extrême obliquité de ses feux sur le fossé, la tenaille ne peut défendre celui-ci avec quelque efficacité par sa mousqueterie ; & l'artillerie que pour le même objet on y établiroit dans des embrasures biaises, n'y pourroit être servie sans interrompre l'action de celle des flancs & de la courtine, bien plus avantageusement postée pour combattre celle de l'assiégeant dans le couronnement du chemin couvert.

L'utilité incontestable de la tenaille se réduit donc à couvrir la poterne du milieu de la courtine, à offrir derrière elle, ou

un

un efpace au raffemblement des forties infiniment rares qui peuvent avoir lieu dans les foffés fecs, ou un havre aux bateaux ou radeaux néceffaires aux communications qu'il faut maintenir au travers des foffés pleins d'eau; & enfin à couvrir contre les batteries du couronnement du chemin couvert, le revêtement des flancs & de la courtine.

Mais ce dernier objet, le plus effentiel fans contredit de ceux que nous venons d'indiquer, comment eft-il rempli? Dans l'éloignement où elle eft du flanc, & par la néceffité de ne point mafquer à celui-ci le pied de la brèche, la tenaille n'eft-elle point forcément tenue trop baffe pour pouvoir dérober plus de la moitié ou tout au plus les deux tiers du revêtement de ce flanc à la crête du chemin couvert? & n'en eft-il pas à peu près de même de la courtine, pas plus couverte que les flancs par cette même tenaille, qu'on eft au contraire obligé de tenir, vis-à-vis de cette courtine, moins élevée encore qu'à fès faces, pour défiler celles-ci du couronnement du chemin couvert? d'où il fuit que, quoique plus rapprochée de la courtine, la tenaille n'en laiffe pas moins le revêtement de cette dernière auffi expofé à peu près que celui des flancs aux dernières batteries de l'affiégeant.

Mais de la ruine de la partie fupérieure du revêtement des flancs & de la courtine réfulte néceffairement celle de leur parapet, laquelle entraîne non moins infailliblement l'impoffibilité d'y maintenir, foit de l'artillerie, foit de la moufqueterie, tant pour la défenfe du foffé & de la brèche, que pour contrebattre & contrarier les batteries de tout genre que déploie l'affiégeant dans le couronnement du chemin couvert; conféquences d'une importance majeure, & telles que d'elles feules peut-être dérivent, & la presqu'impoffibilité de foutenir l'affaut s'il n'y a pas de retranchement derrière la brèche, & la facilité dans la pratique des paffages de foffés, dont la difficulté paroît fi grande en théorie.

Ce ne feroit donc pas rendre à la défenfe des places & à la fortification un médiocre fervice, que de trouver une conftruction de tenaille où les défauts qu'on vient de reprocher à cet ouvrage feroient corrigés & remplacés par les propriétés qu'on avoit cherché à réunir dans la tenaille à flancs, propriétés qui l'euffent rendue doublement précieufe pour la défenfe du foffé fi l'on fût parvenu à les obtenir d'elle.

Pl. 59 et 60, fig. 1. En conféquence je me décide à faire ma tenaille à flancs, pour la rapprocher le plus poffible des flancs des baftions, & pouvoir mieux couvrir le revêtement de ces derniers. J'élève la crête de fes flancs de manière à ce qu'elle foit rafée par les boulets tirés du flanc d'un des baftions du front au fond du foffé de la face de l'autre baftion, au pied de fon épaule; d'où il réfultera que cette tenaille, rapprochée à 3 toifes des flancs du baftion, le couvrira jufqu'à 7 ou 8 pieds environ de la crête de leur parapet.

Mais on ne pourroit faire ufage ni pour l'artillerie ni pour la moufqueterie, de ces flancs de tenaille ainfi rafés par le canon des flancs des baftions : auffi n'y penfé-je point, & je les fais en conféquence abfolument maffifs par le haut, c'eft-à-dire, fans terre-plein ni banquette ; d'où il s'enfuivra que les flancs des baftions feront d'autant plus fûrement couverts. Mais pour ne point laiffer totalement inutile à la défenfe du foffé cette maffe qui, par elle-même, n'y feroit nullement propre, je pratique deffous une batterie cafematée de quatre pièces renfermées chacune dans un souterrain de 14 ou 15 pieds de largeur , & de 9 pieds de hauteur sous clef, ouvert en entier par derrière, c'est-à-dire, en face du flanc du bastion, & percé sur le devant d'une embrasure dégorgée dans un massif de terre de 18 pieds au moins d'épaisseur. Le dessus de cette embrasure sera porté par un arceau soutenu par les mêmes pieds droits que la voûte du souterrain, & ses joues seront formées de faucissons, dont la terre du massif au travers duquel l'embrasure est percée, sera revêtue.

Pour empêcher que l'assiégeant ne voie à revers, & ne Pl. 59. puisse ruiner les pieds droits de ces souterrains, j'en aligne la queue & en même temps la gorge des flancs de ma tenaille, à partir de deux toises au-dessus du premier de ces pieds droits, à l'angle d'épaule du bastion.

Par cette construction j'ai sous chacun des flancs de ma tenaille une batterie casematée, qui n'a aucun des inconvéniens des autres batteries casematées. D'abord elle n'a point celui de la fumée, étant ouverte en entier par derrière ; ensuite elle n'a ni celui d'un parapet de maçonnerie peu épais que quelques coups de canon peuvent percer, ni celui de longues joues d'embrasures percées dans un mur d'épaisseur suffisante pour résister au canon, par lesquelles le boulet ennemi, conduit de bord en bord, arrive presque nécessairement dans l'intérieur de la batterie, accompagné d'une partie des éclats qu'il a faits en traversant ainsi l'embrasure ; enfin, elle n'a point non plus le défaut de faciliter la surprise de la place par ses embrasures, ni d'exiger une augmentation de garde dans la vue de parer à ce danger, puisqu'elle n'est pratiquée que dans un dehors, & qu'elle ne donne aucun accès à l'intérieur de la place.

F 2

En même temps, au lieu d'un terre-plein inutile & où, dès l'inftant que l'afiiégeant le domine de la crête du chemin couvert, on ne peut faire agir ni canon ni moufqueterie qu'avec défavantage, nous avons fous chaque flanc de tenaille une batterie qui n'a rien à craindre du ricochet ni des bombes, & qui, ayant fa genouillère à peu près de niveau avec le terre-plein du chemin couvert, en combat les batteries & celles même de fon couronnement, fans défaveur marquée, & bat le paffage du foffé avec un commandement évidemment égal à la profondeur de celui-ci, fans gêner en rien l'action des flancs des baftions ni celle de la courtine fur ce même paffage de foffé, & fans être gênée elle-même, en quoi que ce foit, par cette action.

Je rapproche à 3to 3^{pi} de la courtine du corps de place, la gorge de celle de la tenaille, que je fais exactement parallèle d'un bout à l'autre à la première. Je raccorde la crête du parapet de cette courtine de tenaille au fommet des profils de fes flancs, dans l'endroit où elle les rencontre; ce qui foumet de 9 pieds & demi cette crête à celle de la courtine du corps de place, dont elle couvre par conféquent en entier le revêtement, qui lui-même eft foumis de 12 pieds à la crête de fon parapet. Je donne trois toifes d'épaiffeur au parapet de cette courtine de tenaille, & me contente d'avoir derrière ce parapet feulement une banquette & fon talus, fuivi d'un *relai* ou petit terre-plein de quelques pieds de largeur fur le bord de la gorge de la tenaille, où je ne veux tenir que de la moufqueterie, de l'artillerie n'y pouvant jamais faire un auffi bon effet que de la courtine du corps de place en arrière : en conféquence je ne donne à cette courtine de tenaille que 6to 3^{pi} de largeur entre fes deux cordons d'efcarpe & de gorge.

Maintenant, fi de là tenaille nous paffons à la caponnière; nous verrons que c'eft bien abufivement que dans la fortifi- cation aduelle on prétend qu'elle défend le foffé & que, pour lui donner l'air de concourir à cette défenfe, on la borde des deux côtés de banquettes; car il eft bien évident que lorsqu'il eft réellement queftion de défendre ce foffé, l'affiégeant eft déjà depuis long-temps logé fur les deux faillans du chemin couvert des baftions du front d'attaque, de part & d'autre de la caponnière de ce front, & qu'il voit par conféquent à revers, de chacun de ces deux faillans refpeétivement, le talus intérieur du parapet de la demi-caponnière qui fait face du côté oppofé. Il eft donc réellement impoffible de faire ufage, pour la défenfe du foffé, des banquettes & des parapets de la caponnière aéuelle, qui ne peut tout au plus fervir, en en tenant bien le milieu, qu'à traverfer le foffé fous les coups croifés des bat- teries du couronnement du chemin couvert, lefquels, pour peu qu'ils en écrètent les parapets ou qu'ils en brifent la paliffade, & pour peu furtout qu'ils y appôrtent d'obus, rendront cette traverfée infiniment dangereufe, & furtout pour les tranf- ports de poudre & de munitions néceffaires à la défenfe des dehors.

Pour avoir donc une caponnière qui défende véritable- Pl. 59 ment le foffé fans être nulle part prife à revers comme l'eft partout celle de la fortification aéuelle, & pour m'affurer en même temps une communication imperturbable entre la place & les dehors, je conftruis fous le milieu de la tenaille, en face de la poterne du milieu de la courtine, un paffage voûté de 8 pieds de largeur & d'autant de hauteur, pour pouvoir au befoin y faire paffer des *camions* chargés de munitions & même

du canon. Je prolonge cette voûte au travers du foſſé & au-
delà pour pouvoir communiquer à la galerie magiſtrale ſous
le chemin couvert & à tous les ouvrages extérieurs à ce
chemin couvert, s'il y en a. Ce paſſage ſouterrain, enfoncé
d'environ 3 pieds au-deſſous du fond du foſſé, s'élève, avec
les terres qui le recouvrent & concourent avec l'épaiſſeur de
ſa voûte à le mettre à l'épreuve de la bombe, d'environ 10 pieds
au-deſſus de ce même fond de foſſé. De cette manière il forme
à l'extérieur, dans le milieu du foſſé, une traverſe, de laquelle
je profite pour lui adoſſer de chaque côté une demi-caponnière qui, ainſi parfaitement parée à dos, peut véritablement
défendre le foſſé. Ces demi-caponnières ſerviront en même
temps à la communication du chemin couvert avec la place,
au moyen des eſcaliers qu'elles ont à leur extrémité attenante
aux profils du réduit de la place d'armes arrondie du centre,
& du paſſage ſouterrain qu'elles ont ſous la tenaille à leur
autre extrémité. Ce dernier paſſage eſt indépendant de l'autre
qui communique avec la caponnière voûtée, dans laquelle je
veux éviter que l'ennemi ne puiſſe s'introduire en pourſuivant
les troupes qui ſe retirent du chemin couvert. De cette manière
l'indépendance & la ſéparation établies entre ce chemin couvert
& ſes traverſes ſont conſervées juſqu'au bout, ces dernières ne
communiquant avec la place que par la grande caponnière
ſouterraine & nullement par les petites à ciel ouvert, réſervées
excluſivement à la communication de la place avec les branches de ce chemin couvert.

On aura pu remarquer dans plus d'un endroit de cet
ouvrage, combien j'étois peu content de la demi-lune de la
fortification actuelle en général; combien celles de Vauban,

Pᴌ. 60,
fig. 1.

trop peu faillantes, me paroiffoient mal défendre le chemin couvert des baftions, qu'elles laiffent couronner en même temps que le leur; combien celles de Cormontaingne, tout en parant à cet inconvénient, me choquoient par l'inconvénient qu'elles ont d'ouvrir, par la trouée de leur foffé, plutôt & de plus loin que celles de Vauban, accès au tir des batteries de brèche contre le corps de place; combien enfin ces mêmes demi-lunes, en fauvant dans certains cas aux faces des baftions les ricochets, s'y offroient elles-mêmes dans tous fans ménagement.

Le problème à réfoudre pour remédier à tant de défauts, fans toutefois renoncer à un feul de leurs avantages, feroit donc de trouver une conftruction de demi-lunes qui, affez faillantes pour ne point permettre l'attaque du chemin couvert des baftions en même temps que celle du leur, n'ouvriffent point un accès prématuré au tir en brèche contre le corps de place, & qui, en dérobant tout ou partie de leurs faces aux ricochets de l'affiégeant, interceptaffent à fa vue, par leur relief & leur faillie, le prolongement de celles des baftions.

Pour cela, prenons fur la ligne de crête du parapet des Pl. 59. faces des baftions, des points diftans de 15 toifes de leur angle flanqué pris fur la même crête; puis de chacun de ces points, comme centre, avec la diftance qui les fépare pour rayon, décrivons des arcs de cercle, à l'interfection defquels nous placerons l'angle flanqué de la demi-lune. De cet angle flanqué ainfi déterminé, alignons vers les centres de nos arcs de cercle la première partie des faces de la demi-lune, & donnons-lui 30 toifes environ de longueur. Tirons enfuite la crête du parapet de cette première partie, & donnons à ce parapet 4 toifes d'épaiffeur pris de l'angle flanqué, & 3 toifes ou même feulement 15 pieds à fon autre extrémité. Cette différence de 6 à 9 pieds d'épaiffeur d'un bout à l'aùtre de ce parapet, fur une longueur de 25 toifes, pourra, à la diftance où fe placent les batteries à ricochet, caufer dans la pofition de ces batteries une erreur de 15 à 20 toifes, & leur faire manquer en grande partie leur effet.

Reportons-nous à 2 toifes en arrière de cette crête de parapet, à l'extrémité où il eft le moins épais, pour y placer l'origine de la feconde partie des faces de la demi-lune, que nous dirigeons à des points pris fur la crête du parapet des faces des baftions, à 8 toifes de l'angle flanqué de cette crête, & que nous arrêtons à 28 ou 30 toifes de celle du chemin couvert. Par-là cette demi-lune devient un ouvrage détaché, & la condition de ne point ouvrir, par la trouée de fes foffés, accès au tir en brèche contre le corps de place, fe trouve remplie.

Voulant pouvoir fervir toute forte d'artillerie fur cette feconde partie des faces de notre demi-lune, nous lui donnons 8 to 3 pi de largeur entre fes deux cordons d'efcarpe & de gorge, exactement parallèles l'un à l'autre. Enfuite nous leur menons encore une parallèle à 8 to de diftance de la dernière, c'eft-à-dire de la gorge, pour en faire l'efcarpe des faces du réduit de la demi-lune, &, prolongeant ces faces au-delà de l'angle flanqué, nous faifons de ces prolongemens des traverfes à double étage de feu comme celles du chemin couvert. Ces traverfes opèreront la féparation des deux parties de la demi-lune, mais non pas totale; car elles laifferont chacune entre elle & la gorge de l'ouvrage un paffage d'une toife de largeur, fermé d'une barrière par laquelle, à la faveur du feu des

traverfes

traverfes & de celui de l'angle flanqué du réduit, on pourra réattaquer la première partie de la demi-lune dans le cas où l'affiégeant parviendroit à s'en emparer.

Menons parallèlement à l'efcarpe du réduit fon parapet de 3 ᵗᵒ d'épaiffeur partout au fommet, & terminons la crête du parapet de chacune des faces de cet ouvrage, au point où la rencontre une ligne menée d'un point pris fur la capitale de la demi-lune collatérale à 25 ᵗᵒ en avant de fon angle flanqué, par l'extrémité de la face ou épaule de la demi-lune. Perpendiculairement à cette dernière ligne tirons la ligne de crête de parapet du flanc du réduit, & arrêtons-la à 22 ou 24 toifes de la crête de la place d'armes arrondie du centre du chemin couvert. Terminons les flancs du réduit par un arrondiffement concentrique à celui de cette place d'armes, & faifons tout l'ouvrage à centre vide, avec un revêtement de gorge parallèle à celui de fon efcarpe, à 8 ᵗᵒ 3 ᵖⁱ de diflance, pour ne pas laiffer à l'affiégeant, lorfqu'il s'en fera emparé, un terrain d'où il puiffe battre avec avantage la tenaille & la courtine par-deffus la crête de leur chemin couvert. Pour diminuer encore & même réduire à rien au befoin les emplacemens que l'artillerie ᴘʟ. 59 et affiégeante pourroit vouloir occuper fur les terre-pleins, tant 60, fig. 3. de la demi-lune que de fon réduit, nous adoffons à la gorge de l'une & de l'autre une galerie crénelée de 6 pieds de largeur, qui, facile à ruiner par le canon de l'affiégé, entraîneroit avec elle dans fa chute, finon le canon affiégeant, du moins la plus grande partie du terrain fur lequel en feroient établies les batteries & leurs épaulemens.

Par cette conftruction nous avons une demi-lune & fon réduit, defquels rien n'eft en prife au ricochet que la première

partie des faces de la demi-lune, joignant fon angle flanqué ;
laquelle, fort courte, jouira encore de quelque abri immédiatement derrière les parapets de cet angle, & profitera d'ailleurs
toujours plus ou moins de l'incertitude & de l'erreur où le
défaut de parallélifme des deux lignes du fommet du parapet
de cette partie, jettera néceffairement l'affiégeant lors de la
pofition des batteries à ricochet qu'il établira contre elles.

Pᴸ. 59.   En même temps l'angle flanqué de cette demi-lune eft
affez faillant pour intercepter, dès l'octogone (1), la dernière
partie des faces des baftions, celle qu'il faudroit voir pour
battre ces faces à ricochet ; & cette faillie & la pofition de cette
demi-lune, détachée de la place & de fes chemins couverts,
ne permettent pas de fonger à attaquer le chemin couvert du
corps de place en même temps que celui dont nous enve-
loppons cet ouvrage, ni même avant que cet ouvrage lui-
même ne foit au pouvoir de l'affiégeant.

(1) Nous avons annoncé qu'avec quelques efforts nous y parvenions auffi
   à l'heptagone ; voici en quoi confiftent ces efforts. Il faut rapprocher jufqu'à 8 toifes feulement des angles flanqués, les points pris fur la crête du
   parapet des faces des baftions, dont l'intervalle fért de rayon aux arcs de
   cercle dont l'interfection détermine la pofition de l'angle flanqué de la
   demi-lune ; ce qui en augmente évidemment la faillie : mais comme cette
   faillie ne fuffiroit point encore pour intercepter complétement le prolongement de la dernière partie des faces des baftions de l'heptagone, nous
   parvenons à rendre celles-ci plus rentrantes & l'angle de ces baftions plus
   obtus, en donnant quelque chofe de moins que le fixième du côté extérieur, à la perpendiculaire de chaque front de notre heptagone ; & comme
   cette perpendiculaire ne peut perdre de fa longueur fans diminuer celle
   des flancs, qu'il nous importe de conferver le plus longs poffible, nous ne
   la raccourciffons que d'un dixième, ce qui fuffit à l'objet que nous avons
   en vue.

Je trace la contrefcarpe de ma demi-lune en décrivant de
fon anglé flanqué, comme centre, avec un rayon de 8 toifes, un
arrondiffement auquel je mène des tangentes parallèles à la,
première partie des faces de l'ouvrage. Je termine cette contrefcarpe aux points où de part & d'autre elle rencontre les
lignes tirées des épaules de la demi-lune aux faillans du chemin
couvert des demi-lunes collatérales (1), afin de démafquer aux
flancs du réduit toute la crête de ce chemin couvert en entier.
Sur cette contrefcarpe je conftruis un chemin couvert & fes
traverfes, tels qu'on les voit planche 56, & fur les mêmes principes que j'ai conftruit le chemin couvert & les traverfes du
corps de place, c'eft-à-dire, que j'en dirige les diverfes branches
de manière que, paffant par l'extrémité des faces de la demi-
lune, elles foient défendues, fur leur crête & fur la pente de leur
glacis, par tout ce que cette demi-lune démafque du corps de
place (2).

(1) C'eft-à-dire, à ces points déjà indiqués fur les capitales de ces demi-
lunes, à 25 toifes en avant de leur angle flanqué; car n'ayant pas encore
tracé leur chemin couvert, je ne me diffimule point que je ne devrois pas
avoir le droit d'en parler; mais j'ai cru pouvoir anticiper ce droit d'un
moment, pour être dès à préfent à même d'indiquer clairement mon
motif, que fans cela l'on n'eût peut-être pas bien faifi.

(2) J'ai auffi été obligé de donner une attention toute particulière à
régler les pentes du glacis de la tête que forme le chemin couvert de ma
demi-lune à fon faillant, pour éviter que l'affiégeant n'y trouvât, dans la
hauteur de la crête & des arêtes collatérales de ce glacis, un abri contre
les feux du corps de place & des flancs hauts & bas des réduits des demi-
lunes collatérales. L'arête & les gouttières du faillant aigu de cette tête
font donc dirigées à un pied & demi ou deux pieds au-deffous de la genouillère du canon placé à l'angle flanqué de la demi-lune, ce qui les
adoucit & les élève extrêmement; tandis que les deux arêtes collatérales

Après avoir de cette manière conftruit fur la contrefcarpe
de ma demi-lune trois traverfes & trois branches de chemin
couvert de chaque côté, je termine ce chemin couvert de
chaque côté par une place d'armes, que je trace en formant
à l'extrémité de la dernière branche du chemin couvert un
angle de 100 degrés, par une ligne de 3o toifes de longueur,
& en abaiffant de l'extrémité de cette ligne une perpendiculaire dirigée de l'épaule de la demi-lune au faillant du
chemin couvert de la demi-lune collatérale. Un réduit fera
conftruit dans chacune de ces places d'armes. Celle des deux
faces de ce réduit qui eft deftinée à foutenir les branches du
chemin couvert, fera parallèle à la face de la place d'armes
qui a le même objet : la crête du parapet de l'autre face fera
dirigée de manière à échapper à l'enfilade du couronnement
du chemin couvert de la demi-lune, & en conféquence ira
ficher dans cet ouvrage quelque peu en arrière de fon angle
flanqué (1).

Les réduits & les traverfes du chemin couvert de la demi-
lune, fans communication directe avec ce chemin couvert,

au contraire font dirigées à la crête du parapet du même angle, ce qui
les ravale, & démafque les parties précédentes au feu du corps de place.
Les autres arêtes de ce glacis de la demi-lune vont, par le même principe,
rafer la crête du parapet des faces de cet ouvrage aux points vers lefquels
elles font dirigées, tandis que les autres gouttières continuent au contraire à fe diriger à 2 pieds au-deffous de la genouillère du canon de ce
même ouvrage.

(1) Il conviendroit peut-être de faire parallèle en tout à ce réduit le chemin
couvert qui l'entoure. Par là feroit favorifée l'action de l'artillerie du corps
de place fur le glacis de la demi-lune, qui lui eft mafqué jufqu'à un certain
point par l'arête & la longue face de cette place d'armes, parallèle ou à
peu près, au corps de place. Cette même face conferveroit encore 10 à 12

auront-la leur aſſurée avec la demi-lune & même avec le
corps de place, au moyen de la galerie magiſtrale qui régnera
ſous la banquette de ce même chemin couvert. Ces traverſes
ſoutiendront la retraite de chacune des parties de leur chemin
couvert, laquelle ſe fera par des eſcaliers qui feront adoſſés à
ces traverſes, comme ceux du chemin couvert du corps de
place le font à leurs traverſes reſpectives.

Mais je ne puis me diſpenſer plus long-temps de parler de
ces flancs bas en terre & ſans foſſé qu'on voit à la demi-lune.
Ils ſont là principalement pour couvrir le revêtement des flancs
du réduit, dont ils peuvent au beſoin doubler le feu à revers
ſur les glacis des demi-lunes collatérales. Pour remplir parfaitement le premier de ces objets, chacun d'eux eſt prolongé
juſqu'à la ligne qui joint l'extrémité du flanc du réduit à l'angle
ſaillant du chemin couvert du baſtion collatéral.

La grande communication voûtée, ou caponnière couverte du corps de place, aboutira au centre vide du réduit de
la demi-lune, à un puits ou *écoutille*, de même largeur que cette
communication, & aſſez long pour pouvoir, au moyen de palans

toiſes de longueur, ce qui feroit ſuffiſant pour ſoutenir la branche voiſine
du chemin couvert. On n'auroit d'ailleurs nullement à regretter l'eſpace
retranché par-là à ce chemin couvert ; car il lui en reſteroit encore aſſez
pour le raſſemblement en colonne d'une aſſez forte ſortie qui renforceroit
encore au beſoin une troupe abritée par le profil du glacis de ce chemin
couvert, ſur la queue du glacis du corps de place, laquelle pourroit, ou
ſuivre la première par le petit eſcalier de la contreſcarpe du réduit, ou la
ſoutenir ſur ſon flanc en débouchant à la queue de ce profil de glacis.
On a marqué, ſur les planches 59 & 61, cette diſpoſition de chemin couvert, par une ligne ponctuée d'une manière très-ſenſible. C'eſt au lecteur
à choiſir entre les deux manières : quant à moi, je ſerois décidément
pour la dernière, que je regarde même comme une correction importante.

ou mouffles, aidés, s'il le faut, de cabeftans, enlever du fond de
cette galerie les canons, affûts & camions chargés de munitions,
qu'il fera néceffaire de faire paffer foit au réduit, foit aux diverfes parties de la demi-lune & de fes chemins couverts, fur
lefquelles ils feront hiffés à l'aide de chèvres par-deffus les revêtemens de gorge ou de contrefcarpe de ces divers ouvrages.
Ce puits fera couvert d'un blindage à l'épreuve de la bombe,
fous lequel feront établies toutes les machines & manœuvres
néceffaires à fon fervice, qu'une paliffade percée de barrières,
plantée à la gorge du réduit, préfervera d'être troublé de nuit
par quelque entreprife de l'affiégeant. De petits fourneaux ou
camouflets, placés derrière les parois de ce puits & à la naiffance de la galerie, feront tenus prêts à mafquer cette entrée
pour le moment où, le réduit étant pris, elle deviendroit de
quelque danger pour l'introduction de l'affiégeant dans le
fyftème de défenfe fouterraine du corps de place.

Mais je n'ai point encore parlé du relief de tous ces dehors,
qu'on pourroit foupçonner de nuire au chemin couvert du
corps de place. Pour empêcher que cela n'arrive, nous tenons
les terre-pleins tant du réduit que des diverfes parties de la
demi-lune au même niveau que la crête de ce chemin couvert, dans les points où elle eft à la vérité le plus élevée(1); c'eft-
à-dire, à 10 pieds au-deffous de la crête du parapet du
rempart du corps de place. La crête de parapet tant de ce
réduit que des diverfes parties de la demi-lune, ne fera donc

Pl. 61,
fig. 1;
et 60,
fig. 3.

_____

(1) Je prie qu'on veuille bien ici fe fouvenir du défilement de 2 pieds qui
fe trouve des rentrans aux faillans de ce chemin couvert, dont l'effet fera
que les divers plans de défilement de celui-ci pafferont de beaucoup au-
deffus de la crête même des parapets de la demi-lune & de fon réduit.

foumife que de 2 pieds à celle du corps de place, & ces
ouvrages avancés feront entre eux fans aucun commandement,
qui, abfolument inutile pour leur permettre de faire à la fois
feu l'un par-deffus l'autre, nuiroit à la propriété que nous
avons cherché à lui donner, de fe dérober l'un par l'autre
aux ricochets de l'affiégeant.

Le chemin couvert de la demi-lune n'aura non plus à fa
crête aucun avantage fur celui du corps de place, la crête de
fes faillans étant foumife de 8 pieds à celle du parapet de
l'ouvrage, & celle de fes rentrans l'étant d'environ 10 pieds.
Au refte on jugera d'un coup-d'œil des rapports de ces
différens reliefs en les voyant repréfentés par les cotes de la
planche 61, d'après lefquelles les gens du métier pourront, s'ils
en font curieux, vérifier l'égalité qui fe trouve entre les déblais
& les remblais de ma fortification, égalité néceffaire pour établir
la poffibilité de fa conftruction. Des calculs affez étendus, dont
je dois épargner l'ennui au public, mais auquel il étoit de
mon devoir de me foumettre, m'ont démontré cette égalité du
déblai au remblai du front de fortification dont la moitié eft
cotée fur cette planche, & l'ont établie fur une maffe de terre
de 22286 toifes cubes, formée de tout ce qui eft cenfé creufé
au-deffous du terrain naturel, & tranfporté au-deffus de ce
même terrain, pour produire par ces deux opérations le relief
total de ce front. Si outre les gens du métier il y avoit des
amateurs tentés de vérifier ce calcul, je les avertis qu'ils ne
doivent point oublier d'avoir égard au folide des maçonneries,
non plus qu'au vide des fouterrains, pour ne point porter en
remblai les parties des unes ou des autres qui font au-deffus du
terrain naturel, & pour ne point omettre de porter en déblai

toutes celles de leurs parties qui fe trouvent au-deffous de ce même terrain; car il eft auffi évident que les dernières ont été déblayées, qu'il l'eft que les premières n'ont point été remblayées avec de la terre. J'avertis encore que je n'ai fuppofé que 3 pieds de fondation à toutes les maçonneries.

Je n'ai pas, je penfe, befoin de revenir fur les conditions du problème que je m'étois propofé relativement à la conftruction de la demi-lune, ni de m'appefantir fur le fuccès vrai ou prétendu de tout ce que je viens de tenter pour les remplir. En effet, s'il y manque quelque chofe, auffi bien qu'à mes autres tentatives pour perfectionner la fortification actuelle, nous le découvrirons fans doute en faifant l'attaque & la défenfe de la place que je me fuis efforcé de perfectionner. C'eft donc à ce moment que nous devons remettre à corriger tout ce qu'il peut y avoir de défectueux, que cette épreuve ne manquera pas de nous faire découvrir, comme à confirmer tout ce dont elle nous aura démontré l'utilité.

EXPLICATION

EXPLICATION
des figures relatives à ce chapitre.

PLANCHE LIX.

Front d'un octogone fortifié suivant la-méthode de l'auteur.

PLANCHE LX.

FIG. I. *Profil pris sur la ligne* CD, *planche LIX, qui fait voir la coupe suivant cette ligne, d'un des flancs de la tenaille & de sa batterie souterraine, de la caponnière souterraine & des deux demi-caponnières à ciel ouvert, en outre l'élévation du reste de la tenaille, où l'on peut remarquer l'ouverture par dehors des quatre embrasures de l'autre flanc de ladite tenaille.*

FIG. III. *Profil pris sur la ligne* EF, *planche LIX, qui fait voir la coupe suivant cette ligne, de la demi-lune, de son réduit & de son chemin couvert, où l'on peut remarquer la galerie magistrale sous le terre-plein de ce chemin couvert, les galeries à la gorge de la demi-lune & de son réduit, & la grande communication souterraine des mêmes ouvrages avec la place.*

PLANCHE LXI.

FIG. I. *Plan d'un demi-front de fortification, suivant la méthode de l'auteur, dont toutes les parties sont cotées de hauteur, tant pour en faire voir le relief que pour en calculer les déblais et remblais.*

CHAPITRE IV.

Des changemens à faire à la difpofition des contremines.

Nous avons déjà, dans divers endroits de cet ouvrage, indiqué les principaux changemens que nous voudrions faire à cette partie de la fortification. Le premier feroit ou de ne point adoffer la galerie magiftrale immédiatement à la contrefcarpe, ou dans ce cas, de l'enfoncer au-deffous du fonds du foffé jufqu'à la naiffance de fa voûte, enfoncement que la nature du terrain peut ne pas toujours permettre. Le fecond feroit de ne communiquer de la place à cette magiftrale, que par des galeries paffant par-deffous le foffé ou tout au moins que par des portes placées uniquement dans les rentrans de la contrefcarpe, & défendues en bas par des caponnières paliffadées, & en haut par des réduits abfolument à l'abri de l'infulte. N'eft-il pas en effet abfurde d'employer de grands frais pour fermer par-deffous terre l'accès de fes contremines à l'ennemi, tandis qu'on lui en ouvre en même temps un facile au-deffus du fond du foffé, foit par des portes véritables percées dans des parties de ce foffé, réellement acceffible, foit par la foibleffe des pieds-droits de la galerie de contrefcarpe, qu'un baril de poudre peut renverfer?

Pl. 59.　　On aura fûrement dans notre nouvelle conftruction remarqué la caponnière voûtée, au moyen de laquelle traverfant le foffé au rentrant de la contrefcarpe, fans le moindre rifque, quelque bien établi que l'affiégeant puiffe être de part & d'autre à fes deux faillans, nous pouvons communiquer avec une égale fûreté à notre galerie magiftrale, fi la nature du fol des foffés s'oppofe à ce qu'on pratique par-deffous des galeries de communication entre celles d'efcarpe & de contrefcarpe. On y a pu voir auffi que notre galerie magiftrale n'eft point immédiatement adoffée, mais chemine parallèlement à la contrefcarpe, à 3 toifes au moins de diftance, en paffant fous le talus de la banquette du chemin couvert à fes angles rentrans. Par là elle fe trouve affez éloignée de la crête de ce chemin couvert à fes faillans, & même tout le long de fes branches, pour fervir tous les fourneaux deftinés à en renverfer le couronnement fans rifquer d'en être endommagée. Elle l'eft également affez de la contrefcarpe pour préferver celle-ci d'être renverfée par les mêmes fourneaux qu'elle, attendu que recevant d'abord le fouffle de ces fourneaux, elle en interceptera affez l'effet pour ne pas permettre qu'il s'étende jufqu'à cette contrefcarpe. J'ai dit auffi comment elle fert à la communication de mes traverfes à redan, ce qui d'ailleurs n'eft pas de mon fujet actuel.

Mais maintenant voyons de quelle manière, à partir de cette magiftrale, doit être ordonné le refte des contremines. Ne doit-il pas y avoir fur leur difpofition des principes & des règles, & les galeries tant de communication & d'écoute que celles d'enveloppe & la magiftrale, ne doivent-elles pas tenir leurs emplacemens, & les diftances qui les féparent les unes des autres, de la profondeur du terrain & de l'intenfité des effets qu'y peuvent produire les fourneaux tant de l'affiégeant que de l'affiégé? Quant à moi je croirois que les galeries d'écoute & de communication devroient être affez efpacées entre elles pour que l'affiégeant n'en pût crever deux à la fois par le même globe de compreſſion , & pour que celui que pourroit vouloir faire jouer l'aſſiégé, pût être placé de manière à n'en crever aucune ; c'eſt-à-dire , que deux de ces galeries voiſines & parallèles devroient être éloignées l'une de l'autre de neuf fois la plus grande ligne de moindre réſiſtance ou plus grande profondeur du terrain à laquelle il ſoit poſſible de parvenir ſans rencontrer l'eau. Pour ce qui eſt des galeries d'enveloppe ou parallèles à la magiſtrale, il conviendroit auſſi qu'elles fuſſent aſſez éloignées les unes des autres pour que le globe de com- preſſion que l'ennemi feroit jouer contre l'une d'elles au plus près poſſible , ne pût ébranler l'autre en arrière , & que par conféquent celle-ci fût éloignée de la première de quatre fois & demie la plus grande ligne de moindre réſiſtance ou profon- deur du terrain à miner.

Que ſi l'on eſt d'abord étonné de me voir rapprocher entre elles les galeries d'enveloppe au double des galeries d'écoute & de communication, & faire ainſi les *caſes* ou eſpaces circonſcrits par les unes & les autres *demi-carrées*, au lieu d'en faire à l'ordinaire des carrés parfaits, j'eſpère que cet éton- nement ceſſera en faiſant une attention toute ſimple ; c'eſt que deux enveloppes ne peuvent être attaquées que l'une après l'autre & renverſées que ſucceſſivement, ſi elles ne ſont rap- prochées au point que le globe de compreſſion appliqué au dehors de la première, faſſe ſentir ſon action à la ſeconde, & c'eſt à quoi nous pourvoyons en les tenant à une diſtance l'une de l'autre de quatre fois & demie la longueur de la ligne de moindre réſiſtance de ce globe ſuppoſé enfoncé au plus profond poſſible. Deux écoutes ou deux communications au contraire peuvent être renverſées à la fois par un fourneau

interpofé entre elles, à moins que la diftance qui les fépare ne
foit plus que double du rayon de la fphère d'activité de ce
fourneau, & fi en conféquence cette diftance n'eft neuf fois
plus grande que la ligne de moindre réfiftance de ce fourneau,
dans le cas où celui-ci feroit un globe de compreffion. Mais
il y a plus, c'eft que les enveloppes font des lignes continues
de défenfe fouterraine que l'ennemi ne peut percer fans y
rencontrer le mineur affiégé & fans avoir partout à le combattre de front, & que les écoutes & les communications, au
contraire, deftinées à le prendre en flanc & fur fes derrières
s'il s'avance trop ou fans précaution, ne peuvent jamais, à
quelque point qu'on les multiplie, opérer pour ce qui eft
entre elles la même fécurité que donne une enveloppe pour
ce qu'elle a derrière elle. On doit donc moins regretter que
nos principes nous conduifent à rapprocher & multiplier les
enveloppes, & à éloigner les galeries d'écoute & de communication les unes des autres, & par conféquent à en réduire le
nombre.

Mais il y a encore, fur la difpofition des contremines, un
autre principe bien connu, & que tout ce qui précède fuppofe
en quelque forte, c'eft celui qui prefcrit de les placer à la plus
grande profondeur à laquelle la nature du terrain permette de
les enfoncer. Ce principe eft fondé non fur ce qu'un fourneau
placé à une plus grande profondeur produit un entonnoir
d'autant plus large & plus profond; car cet effet qui donne de
grands efpaces couverts du feu de la place, eft en général
contre l'intérêt de fa défenfe; mais fur ce que les fourneaux,
quels qu'ils foient, fuffent-ils même des globes de compreffion,
ont beaucoup plus de peine à enfoncer des galeries placées

au-deffous de leur niveau, qu'ils n'en ont à crever celles qui
fe trouvent à ce niveau ou au-deffus (1). De là l'avantage évident
qu'il y a dans la guerre de mineur à mineur à tenir le deffous
du terrain ; car celui qui le tient peut plus contre fon adverfaire par de fimples camouflets, ou fi l'on veut, par de petits
fourneaux qui ne vont pas jufqu'à faire entonnoir à la furface du terrain, que ne peut contre lui cet adverfaire par des
fourneaux ordinaires, & autant peut-être par des fourneaux
ordinaires que ce dernier par des globes de compreffion : or
c'eft la guerre de mineur à mineur qui dans fa défenfe fouterraine doit être le grand objet de l'affiégé ; car du moment
que l'affiégeant eft forcément engagé dans une guerre fouter-

(1) Ceci ne peut s'expliquer autrement que par l'arrangement général &
primitif des couches de la terre qui, pofées horizontalement les unes fur
les autres, laiffent entre elles des lits ou efpèces de routes plus faciles
à fe rouvrir par l'effet de la poudre, que ne le peuvent être ces mêmes
couches à fe fraéturer tranfverfalement. Quand donc il eft queftion d'enfoncer une galerie fituée au-deffous du niveau du fond de l'entonnoir d'un
fourneau, la poudre éprouve une très-grande réfiftance à fraéturer tranfverfalement & à déplacer ces couches horizontales de la terre, dans la
petite étendue qui répond précifément au vide de cette galerie : et qu'on
ne m'objeéte pas que la même réfiftance devroit également s'oppofer à
fraéturer tranfverfalement les couches fupérieures au fourneau jufqu'à la
furface du terrain ; car toutes ces couches, dans ce dernier cas, ne trouvant
pas dans l'air un appui fuffifant contre l'effort de la poudre, font forcées
de céder, d'abord en pliant & fe bombant, puis enfin en fe fraéturant
tout autour des parois de l'entonnoir, au moment où la poudre fe faifant
jour entraîne de proche en proche ce qui avoifine la colonne de terre
qu'elle a verticalement au-deffus d'elle. Or on conçoit que pendant ce
bombement des terres fupérieures au fourneau, l'effort de la poudre fe
porte latéralement tout autour de l'entonnoir prêt à fe former, par les lits
horizontaux que ces terres laiffent entre elles, & que s'il fe rencontre des
galeries dans la direétion de quelques-uns de ces lits, elles feront enfoncées

raine, c'eſt ſur les progrès de celle-ci que ſe règle néceſſairement la marche de tout le reſte, et l'attaque ſupérieure à la
ſurface du terrain n'y fait plus un pas qui n'ait été précédé
par un pas fait à même hauteur par l'attaque du deſſous.

Mais peut-être me dira-t-on : ſi cet enfoncement des contremines eſt avantageux de mineur à mineur, il eſt certain
qu'il ne l'eſt pas relativement aux travaux ſupérieurs de l'aſſiégeant ; car vous convenez que les grands & profonds entonnoirs lui fourniſſent de l'abri contre les feux de la place, &
que, conſommant beaucoup de poudre, encore par cette
raiſon ils ne conviennent nullement à l'aſſiégé, qui ne peut
en multiplier le nombre & en réitérer les effets autant que

à une diſtance plus grande du fourneau que n'eſt la diſtance de celui-ci
à la ſurface du terrain : c'eſt ce qui fait que, dans la pratique ordinaire des
fourneaux chargés pour faire des entonnoirs d'un diamètre double de leur
ligne de moindre réſiſtance, on en bourre les rameaux juſqu'à une fois &
demie la longueur de cette ligne, & que, dans l'uſage des globes de compreſſion ou fourneaux ſurchargés juſqu'à donner des entonnoirs d'un diamètre ſextuple de leur ligne de moindre réſiſtance, les galeries qui répon-
dent horizontalement à quelque point de ces entonnoirs, ſont enfoncées
à une diſtance quadruple de la longueur de cette même ligne. Quand, au
contraire, des galeries ſe trouvent placées au-deſſous du niveau du fond
de l'entonnoir, on remarque que les fourneaux chargés à l'ordinaire ne
les crèvent plus qu'à une très-petite diſtance, & que les globes de compreſſion même ne les crèvent qu'à des diſtances de moins en moins grandes
que le quadruple de leur ligne de moindre réſiſtance, à meſure que ces
galeries s'enfoncent davantage ; & qu'ils ne les crèvent même plus du tout
quand la différence de leur niveau à celui du fond de l'entonnoir excède
la longueur de cette même ligne de moindre réſiſtance ; car alors l'enlè-
vement du terrain ſupérieur au fourneau, s'opérant avant l'enfoncement
de la galerie, ouvre à l'effort de la poudre une iſſue aſſez vaſte pour
qu'il s'y porte en entier, en ceſſant d'augmenter d'intenſité du côté de cette
galerie.

peuvent le demander les récidives & l'opiniâtreté de l'affiégeant? Ne vaut-il donc pas mieux prendre un jufte milieu
entre ce qu'exige la défenfe purement fouterraine contre le
mineur ennemi, & ce que demande la défenfe faite de l'intérieur à la furface du terrain contre les fapes & travaux fupérieurs de l'affiégeant, & en conféquence établir fes galeries à
une profondeur moyenne?

Si l'on a bien compris ce qui précède, on n'aura pas, je
crois, de peine à rejeter cet expédient, qui facrifieroit l'avantage évident du deffous du terrain à une forte de conciliation
inutile par la facilité de faire de petits entonnoirs, & par la
poffibilité de les produire par peu de poudre. Je dis inutile,
parce que rien n'empéche de faire des entonnoirs de cette
efpèce au moyen de nos profondes contremines, en en dé-
rivant des rameaux montant en rampe jufqu'auffi près qu'on
voudra de la furface du terrain; ceux-ci, pouffés en avant &
fur les flancs des plus profonds, ferviront à renverfer les travaux fupérieurs de l'affiégeant. Ils pourront même les atteindre
d'affez loin par des entonnoirs évafés, produits par une furcharge de poudre, qui n'en entraînera cependant qu'une dépenfe affez légère, attendu le peu de profondeur des fourneaux.
Ce premier étage, croifant & attirant l'un vers l'autre les
effets de ces différens fourneaux furchargés & évafés, ne fera
employé qu'à bouleverfer les fapes de l'affiégeant, & tout au
plus à diftraire l'attention de fon mineur, qui ne fera férieufe-
ment combattu que du fecond étage ou des profondes galeries,
par de violens camouflets ou fourneaux affoiblis & jouant
entre deux terres, où ils étoufferont & écraferont ce mineur
dans fes travaux renverfés par une main invifible.

Les

Les contremines profondes, ou fecond étage des mines de l'affiégé, feront donc réfervées pour la guerre de mineur à mineur, ou tout au plus, au cas que l'affiégeant ait fait la faute, après le jeu de nos mines du premier étage, de fe trop avancer fur le deffus du terrain, pour le châtier de cette méprife, en faifant jouer quelque fourneau qui, culbutant fes travaux hafardés, l'oblige pour la fuite à la plus grande circonfpection.

Eclairciffons tout ceci par un exemple. On a vu que notre caponnière fouterraine ou grande communication, étoit enfoncée de 3 pieds au-deffous du fond du foffé, (1) qui l'eft lui-même de 19 ^{pi} $\frac{1}{2}$ au-deffous de la furface du terrain. C'eft donc en tout de 22 ^{pi} $\frac{1}{2}$, que cette communication & tout notre fyftème de contremines font enfoncés au-deffous du terrain, enfoncement que nous fuppoferons ici être le plus grand auquel la nature de ce terrain ait permis de defcendre; car s'il en permettoit davantage on ne devroit pas balancer à en profiter, pour defcendre encore plus bas, en un mot au plus bas poffible, afin de s'affurer d'une manière inconteftable le deffous du terrain.

Cela pofé, c'eft donc de neuf fois cette quantité de 22 ^{pi} $\frac{1}{2}$ ou de 3o ^{to} 4 ^{pi} 6 ^{po}, que nos galeries de communication & d'écoute doivent être diftantes entre elles, & de la moitié, ou

Pʟ. 61.
fig. 2.

---

(1) Suppofé que la nature d'un terrain aqueux s'oppofât à ce que cette caponnière fût enfoncée au-deffous du fond du foffé, elle n'en auroit pour cela pas moins lieu; feulement en la relevant au niveau de ce fond de foffé, au lieu de lui donner 8 ^{pi} de hauteur fous clef, on ne lui en donneroit plus que 6, ce qui feroit à la rigüeur fuffifant, & en laiffant toujours 5 ^{pi} tant de terre que de maçonnerie fur cette clef, la caponnière n'auroit encore alors à l'extérieur, par-deffus le fond du foffé, que 11 pieds de hauteur au lieu de 1o, ce qui n'auroit pas fenfiblement d'inconvénient.

de 15 ^{to} 2 ^{pi} 3 ^{po}, que doivent l'être nos galeries d'enveloppe, ce qui portera la première de celles-ci, ou la plus voisine de la magistrale, un peu en arrière des cavaliers de tranchée, & la seconde, à hauteur à peu près de la troisième parallèle. Ces enveloppes, ainsi que la magistrale, seront, en outre des galeries de communication & des grandes écoutes en prolongement de ces dernières, défendues par d'autres écoutes percées de 10 ^{to} en 10 toises, & poussées en avant seulement de 5 ^{to} 4 ^{pi} ou une fois & demie la ligne de moindre résistance, pour pouvoir faire jouer à leur extrémité jusqu'à la surface du terrain, s'il le faut, des fourneaux qui n'entameront point ces enveloppes.

De la tête des grandes écoutes, auxquelles je suppose 15 toises de longueur, partiront transversalement des rameaux, montant de 8 ^{po} par toise, lesquels se rejoignant à 12 pieds au-dessous de la surface du terrain, donneront une nouvelle enveloppe formant un courant d'air entre la tête des écoutes, au moyen de laquelle on pourra servir des fougasses & fourneaux à toutes sortes de profondeurs contre les travaux supérieurs de l'ennemi.

En flanc de ces grandes écoutes & des galeries de communication, intermédiairement aux enveloppes, partiront aussi des rameaux montant d'un pied par toise, & arrivant à 12 pieds de la superficie du terrain. Les fourneaux qui les termineront, pourront, chargés au quadruple de la charge ordinaire, croiser parfaitement leurs effets & se recombler l'un l'autre. Je néglige d'indiquer tous les rameaux, retours & fourneaux qu'on peut dériver, soit des précédens rameaux, soit des communications & enveloppes, d'autant qu'ils dépendent tous des circonstances

de l'attaque tant fouterraine que fuperficielle, & ne peuvent
par conféquent être préparés d'avance à peine de s'expofer,
tout en faifant beaucoup d'ouvrages inutiles, à en omettre
encore d'effentiels. Je ne parle pas non plus des portes à clapet
& des camouflets préparés derrière pour la fûreté de toutes
ces galeries : c'eft une précaution que je n'ai garde d'omettre.
On peut voir, planche 43, fous quel mode je l'ai adoptée en
traitant des contremines en général, & l'adapter facilement à
mon fyftème actuel de contremines.

Mais je dois dire que pour leur donner de l'air, qu'elles
_ne peuvent tirer de la magiftrale) que j'ai, comme on l'a vû,
éloignée pour de bonnes raifons de la contrefcarpe), je pro-
longerai jufqu'à cette dernière mes galeries de communication,
de manière qu'elles tirent chacune du foffé, par un créneau, de
l'air qui, fe portant dans les enveloppes & s'y balançant avec
celui qui y vient par les autres communications, y formera
un courant falutaire.

On peut voir auffi, planche 61, fig. 2, de quelle manière
le fyftème des contremines du glacis de la demi-lune fe lie à
celui du corps de la place. Je prie furtout qu'on y veuille
bien remarquer que l'affiégeant ne peut s'introduire dans ces
contremines du glacis de la demi-lune par les galeries de gorge
de cet ouvrage & de fon réduit, qui, élevées au-deffus du fond
des foffés, pourroient être facilement enfoncées par des barils
de poudre amenés contre leurs pieds-droits, comme elles font
deftinées à l'être par le canon de l'affiégé, au cas qu'après la
prife de ces ouvrages l'affiégeant tentât d'y établir des batteries.
Ces galeries de gorge n'auront donc de communication directe qu'avec la grande caponnière, & cette communication

I 2

fera défendue par des portes deftinées à être mafquées fur-le-champ, au befoin.

Ces mêmes galeries de gorge n'en auront pas moins en avant d'elles des écoutes pouffées en defcendant auffi bas que le permet la nature du terrain, jufques fous le revêtement d'efcarpe des ouvrages auxquels elles appartiennent, afin d'établir, fous les déblais des brèches que l'ennemi fera à ces ouvrages, des fourneaux qui faffent fauter ces déblais. Il en pourra auffi au befoin être tiré, en montant, d'autres écoutes pour faire jouer des fourneaux dans le fommet de ces mêmes brèches.

Semblablement les brèches du corps de place tireront leur défenfe fouterraine d'une galerie établie fous le terre-plein des faces des baftions, & pouffant des écoutes en rampe, foit en defcendant jufqu'à quelques pieds du parement extérieur de l'efcarpe pour établir des fourneaux fous les éboulis des brèches, foit en montant pour renverfer les logemens du fommet de ces brèches. Cette galerie, prolongée de part & d'autre fous les flancs des baftions, aura fes entrées fous la jonction de ceux-ci avec la courtine, & par conféquent toujours renfermées & couvertes par les retranchemens qui pourroient être faits dans l'intérieur de ces baftions.

Indépendamment de ce que ces galeries reculées à 10 ou 12 toifes de l'efcarpe font beaucoup plus commodes que les galeries d'efcarpe même, pour faire fauter haut & bas les brèches, fans rifquer d'être endommagées par leurs propres fourneaux ; elles font encore beaucoup moins expofées à être crevées par le mineur affiégeant, qui, s'attachant à l'efcarpe, joignant les déblais de la brèche du côté de l'angle flanqué de

l'ouvrage, pénètre facilement dans la galerie d'efcarpe, dont il
chaffe l'affiégé au moyen de deux bombes, l'une chargée, après
l'explofion de laquelle il entre, l'autre non chargée & portant
feulement une fufée lente. Parvenu au-delà de la naiffance des
rameaux pouffés par l'affiégé fous les déblais de la brèche, le
mineur affiégeant fe mafque dans la galerie d'efcarpe, qui alors
lui fert à lui-même pour faire fauter fur toute la largeur de la
brèche & à quelle diftance il veut de l'efcarpe, puifqu'il n'a
plus déformais de contremines en tête à moins que le baftion
ne foit plein & qu'il n'ait des galeries capitale & tranfverfale.
Si le fol du foffé étoit ici cenfé affez fec pour pouvoir être
miné, je dirois auffi que les galeries d'efcarpe peuvent encore
être enfoncées de droite & de gauche de la brèche par des
globes de compreffion ou fourneaux furchargés, placés fous
ce foffé, lefquels ne pourront jamais endommager nos galeries
à la diftance où elles font tenues du revêtement. Ces dernières
nous refteront donc toujours pour difputer le terrain de la
brèche, foit que l'ennemi l'ait faite par le canon, foit qu'il l'ait
faite par la mine, même par le globe de compreffion.

    Ayant repréfenté mes baftions vides & fans retranchemens,
je me crois difpenfé d'entrer dans le détail de tout ce que
dans le cas contraire on y pourroit encore pratiquer de contremines.

EXPLICATION

de la figure relative à ce chapitre.

PLANCHE LXI.

FIGURE II.

Plan qui fait voir la disposition donnée par l'auteur aux contremines d'un demi-front fortifié suivant sa méthode. Les cotes écrites sur ce plan font voir les divers enfoncemens de toutes les galeries, dont la plupart font horizontales, & dont un certain nombre vont en montant, & quelques autres en descendant. Il est bon aussi de remarquer, 1.°, les escaliers par lesquels on monte des galeries plus profondes aux galeries de gorge de la demi-lune & de son réduit ; 2.° les galeries capitales de ces deux ouvrages & les rameaux qui en font dérivés, ainsi que ceux qui le font des galeries de gorge pour faire sauter haut & bas les brèches des mêmes ouvrages.

CHAPITRE V.

De la manière de mettre les hommes et les munitions à couvert du feu de l'ennemi.

On a vu plus haut, dans notre chapitre des approvifionne-mens, Livre IV, à peu près tout ce qui fe pratique aujourd'hui à cet égard dans les places affiégées. On aura pu y remarquer combien d'embarras, de peines & de foins donne cette partie fi effentielle de la défenfe, fans laquelle aucune des autres ne peut marcher fûrement ni fubfifter long-temps. Mais ce qu'on n'aura peut-être pas aperçu ou pefé avec affez d'attention, c'eft l'incommodité & l'infuffifance de la plupart des moyens qu'elle emploie. Des fouterrains humides & mal aérés, à peine bons pour recevoir les denrées liquides; des bâtimens à demi-démolis, étançonnés & blindés fur le plancher de leur premier étage qu'on furcharge de 3 pieds de terre & de fumier pour réfugier les denrées fèches &.l'hôpital, fans pouvoir empêcher que les eaux de pluie, qui filtrent au travers de ce lit de terre, ne viennent gâter les denrées & mouiller les malades dans leurs lits, quelque précaution que l'on prenne & quelque expédient qu'on emploie pour détourner ou recevoir les eaux de toutes ces gouttières; enfin des blindages formés de corps d'arbres inclinés contre des murs, pour recevoir fous leur abri les hommes fains de la garnifon & les y laiffer expofés à tout, hors à la chute des bombes, & dénués de toute efpèce de commodités & de reffources pour préparer leurs alimens, fécher leurs vêtemens & remettre leurs armes en état : tels font les moyens ufités, & qu'il faut bien employer faute de mieux, pour mettre les hommes & les munitions d'une place affiégée à couvert du feu de l'ennemi, à peine de ne pouvoir faire aucune défenfe. Aussi n'y a-t-il qu'un cri dans la plupart des places de guerre pour avoir des cafemates. Le grand défaut de telle place, dit-on, c'est qu'elle n'a point de cafemates; si l'on a fait si peu de défenfe dans telle autre, c'est parce qu'elle n'avoit point de cafemates : et l'on dit tout cela fans s'apercevoir qu'on ne peut citer celles que leurs cafemates ont fait défendre mieux que les autres. Au contraire, & pour nous borner à un feul exemple entre cent, de nos jours, Mahon ou le fort S.-Philipe de l'île de Minorque, si renommé dans toute l'Europe pour le nombre & la beauté de fes fouterrains taillés dans le roc, n'a peut-être été pris si facilement par les Efpagnols qu'à caufe de l'ufage qu'on y fit des cafemates pour loger les troupes; car, tandis que les remparts & l'intérieur du fort étoient parcourus en tout fens par les boulets & les bombes de l'affiégeant, le foldat affiégé, entaffé dans fes cafemates, dont il ne vouloit & même ne pouvoit, en quelque forte, plus fortir à caufe du danger qu'il trouvoit au dehors, y croupiffoit dans l'humidité, la malpropreté & la vermine : les maladies le gagnèrent & il fallut fe rendre avant que les défenfes de la place fuffent pour ainfi dire entamées. Dans le même temps, Gibraltar, où il y avoit auffi des cafemates, mais où l'on ne s'en fervoit que pour mettre les munitions à couvert, tandis que les hommes campoient, foit fur les divers plateaux de fon énorme montagne, foit à la pointe d'Europe, Gibraltar réfiftoit à un blocus de plufieurs années & fe jouoit des plus grands moyens d'attaque qu'enfin l'on déploya contre lui, par terre & par mer, dans un fiége de plufieurs mois.

Que

Que conclure donc de tout cela ? Que les casemates, tant regrettées là où il n'y en a pas, font, là où elles existent, dangereuses & nuisibles à la santé des hommes qui les habitent, &, sous ce rapport, par conséquent tout au moins inutiles à la défense. Aussi les gouverneurs prudens, tels que celui de Gibraltar, ne les ont jamais fait servir à cet usage, les ont toujours réservées pour l'emplacement des munitions, & ont constamment tenu les troupes, ou campées dans quelque partie de la place à couvert du feu de l'assiégeant, ou gîtées sous des blindages, dont les inconvéniens, quoique reconnus, font cependant moins graves & moins dangereux que le défaut de circulation d'air & celui d'élasticité de ce fluide, qui toujours, du plus au moins, ont lieu dans les souterrains.

On ne peut cependant se dissimuler que le soldat, logé sous des blindages, n'y éprouve bien des incommodités, auxquelles il seroit à désirer de pouvoir le souftraire, pour le rendre d'autant plus capable de soutenir les fatigues continuelles & extraordinaires d'un long siége, auxquelles celles de la campagne la plus vive n'ont rien de comparable. Est-il en effet concevable que, tandis qu'en temps de paix & jusqu'au moment du siége, on s'est appliqué à le loger dans des casernes faines & à le coucher dans des lits, on n'ait pu faire pour lui en temps de siége, où il auroit plus besoin que jamais d'être logé & couché de manière à se refaire de ses fatigues, rien de mieux que de le gîter sous l'abri de quelques troncs d'arbre appuyés à un mur, & de l'y coucher sur un peu de paille étendue par terre ? On ne peut en effet concevoir cette disparité, ou si l'on veut cette disparate, ni s'en expliquer la cause, que par l'impossibilité apparente de faire mieux.

Mais où donc eſt cette impoſſibilité de loger le ſoldat dans des bâtimens à l'épreuve de la bombe? On en a bien ſu faire pour loger les poudres; il n'y a pas plus de difficultés à en faire pour loger les troupes. A la bonne heure, dira-t-on, mais la dépenſe en ſeroit exceſſive; & ſi l'on a bien pu faire des caſernes pour les loger conſtamment en temps de paix, peut-on en faire encore & de plus coûteuſes pour les loger momentanément en temps de ſiége?

Que de choſes n'y auroit-il pas à répondre ſi déjà l'on n'étoit en état de prouver que des bâtimens à l'épreuve de la bombe ne ſont pas plus coûteux que ceux uſités juſqu'ici pour caſerner les troupes; & ſi ces mêmes bâtimens, ſeuls propres à recevoir les troupes en temps de ſiége, n'étoient également propres à les loger en temps de paix, & n'avoient de plus l'avantage d'être en tout temps incombuſtibles? Or c'eſt de quoi s'eſt aſſuré l'auteur de cet ouvrage, par un travail aſſez conſidérable, que ſon étendue ne rend pas ſuſceptible d'être rapporté ici, & qui d'ailleurs ne pourroit l'être, n'étant plus entre ſes mains (1). Ce qui y donna lieu fut un programme publié en France par le conſeil de la guerre qui y eut quelques momens d'exiſtence, pour propoſer un prix à quiconque donneroit le meilleur projet de caſernes. L'auteur crut devoir ſaiſir cette occaſion de tenter dans le caſernement des troupes un changement, qui devenoit bien plus important par ſes rapports avec la défenſe des places, qu'il ne l'étoit par ceux qu'on cherchoit à lui donner avec le bien-être & la commodité des troupes, ainſi qu'avec la facilité d'y maintenir la meilleure diſcipline. Il propoſa donc des bâtimens voûtés à l'épreuve de la bombe, qui, n'ayant

(1) Il eſt reſté en France, au dépôt des fortifications à Paris.

qu'un rez-de-chauffée & point de charpente à leur comble,
n'euffent pas été d'une conftruction plus coûteuse que les
cafernes à plufieurs étages, ayant chacun une charpente & un
double plancher, & portant fur le tout une charpente de
comble. Des *devis* ou eftimations des deux fortes de bâtimens
pour loger le même nombre de troupes, faits fur les mêmes
prix pour chaque nature ou efpèce d'ouvrages entrant dans
leur conftruction, mirent la chofe dans le plus grand jour, &
même s'il y eut de l'avantage ou de l'économie d'un côté plutôt
que de l'autre, il fut décidément en faveur de la nouvelle
conftruction. Seulement elle demandoit des terrains bien plus
étendus que l'ancienne ; car elle déployoit à rez-de-chauffée
uniquement les deux ou trois étages que l'ancienne élevoit les
uns fur les autres.

- Mais on ne comprendra pas bien peut-être, comment on
peut faire des bâtimens logeables, & furtout bien éclairés,
avec des murs affez épais pour porter d'auffi énormes
voûtes : c'eft que les murs qui fupportent les voûtes, ne
font pas ceux où l'on perce des jours & des portes. Figurez-Pl. 60,
vous un pont foutenu par deux fortes culées, entre lefquelles fig. 7.
il y a autant de piles minces, mais cependant de force fuffifante pour partager ce pont en arches de 18 à 19 pieds de
largeur. Si, lorfque ce pont fera conftruit, vous en fermez Pl. 60;
de chaque côté les arches par un mur de bâtiment, percé de fig. 5, 6
portes & de fenêtres, vous aurez notre caferne. Chaque arche et 7.
devient une grande chambre, prenant jour des deux côtés, &
recevant par conféquent, quand on le veut, des courans
d'air ; chaque pile devient un mur de refend ; l'extrados de
chaque arche, terminé en cape, reçoit pour toute couverture

de la tuile pofée en mortier, & le bâtiment, pavé dans fon intérieur, n'admet dans fa conftruction d'autre bois que celui de fes portes & de fes fenêtres.

Voilà donc un bâtiment très-convenable à être habité par des foldats; pas plus coûteux que les cafernes ordinaires, & ayant par-deffus ces cafernes les avantages de l'incombufti- bilité & d'un entretien moins difpendieux, réunis à l'agrément d'être plus qu'elles frais en été & chaud en hiver. En temps de fiége, il n'y a, pour y être parfaitement à l'abri de la bombe, rien du tout à y ajouter que de le charger d'une couche de 2 ou 3 pieds de terre pour amortir le choc des bombes fur fes voûtes, & d'en blinder portes & fenêtres du côté où peuvent y arriver les boulets de l'affiégeant; car fes murs de face, que leur peu de hauteur derrière des remparts plus élevés qu'eux dérobe aux coups directs de l'artillerie ennemie, feront affez forts à 2 ^{pi} $\frac{1}{2}$ d'épaiffeur qu'on peut leur donner pour réfifter aux coups de plongée (1).

Mais comment ces bâtimens, couverts de terre en temps de fiége, feront-ils moins expofés aux filtrations des pluies & à l'humidité que les fouterrains ordinaires? Ils le feront évi- demment moins par leurs murs ifolés que ne le font ces fou- terrains par leurs murs adoffés à des terres. Quant aux filtra- tions des pluies au travers de leurs voûtes, une précaution peu coûteufe & toute fimple peut les en garantir : c'eft, avant

(1) Si l'on penfoit différemment, on pourroit blinder la façade entière, expofée aux boulets de l'ennemi. C'étoit même ce que je propofois dans mon travail détaillé fur cette matière, lequel eft refté en France. Peut- être y auroit-il un parti mitoyen à préférer, qui feroit d'avoir en approvi- fionnement fuffifamment de bois de blindage pour en garnir au befoin les parties de murs qu'on verroit devenir l'égout des ricochets de l'affiégeant.

que d'y amener le lit de terre qui doit les recouvir, de pofer
fur la couverture de tuiles creufes que portent ces voûtes,
une couverture de planches, qui empêche que les terres
n'obftruent les canaux des tuiles, & permette conféquemment
aux eaux de pluie de s'écouler librement par ces canaux. Aurefte,
s'il parvenoit quelque filtration jufqu'à nos épaiffes voûtes,
il n'eft rien moins que certain qu'elle ne feroit pas abforbée
par la siccité de leur maçonnerie, tenue jufqu'alors à l'abri de
l'humidité, & bien différente de celle des fouterrains perpé-
tuellement enterrés, lefquels, toujours imprégnés d'eau, n'en
peuvent recevoir une feule goutte à la furface extérieure, par les
filtrations, que cette même goutte n'en pouffe & n'en faffe
fourdre à l'inftant une autre à la furface intérieure de cette
maçonnerie. J'ai donc lieu d'efpérer qu'on fera pleinement
raffuré fur l'article des filtrations & de l'humidité dans nos bâtimens, lorfque, le cas de fiége arrivant, ils feront au moment
même recouverts de terre, avec la précaution que je viens
d'indiquer.

Le foldat, de retour des attaques, du travail ou du bivouac,
retrouveroit là, outre fon lit & fon havre-fac bien fec, un bon
poële (1) où cuiroit fa foupe & auquel il feroit fécher fes habits
& fes armes. Les fenêtres, dont le bâtiment eft percé de part &
d'autre, ouvertes tous les matins, y renouvelleroient l'air, & la
propreté, facile à y entretenir au moyen d'une grande allée

_____

(1) Je faifois aboutir le tuyau de ce poële à celui d'une cheminée pratiquée
dans un des deux murs de refend, & conftruite avec de grandes précautions pour réfifter à la pouffée des voûtes de part & d'autre. Ces précautions confiftoient à conftruire le tuyau de cette cheminée fur un plan
elliptique, avec de la pierre de taille coupée en vouffoirs, ce qui ne

de 6 pieds $\frac{1}{2}$ confervée entre les deux rangées de lits, & d'une petite de 18 ^{po} qu'on auroit ménagée de lit à lit, maintiendroit la fanté de la troupe, nourrie d'ailleurs, comme on l'a vu, Liv. IV, de bons alimens, dans la plus grande abondance. Cette branche donc de l'art, jufqu'ici trop négligée, déformais rappelée à fes vrais principes, reprendroit évidemment fur la défenfe une influence capable d'en affurer complétement la vigueur & la durée.

Veut-on maintenant fe former une idée de l'efpace qu'exigeroient de femblables bâtimens (car c'eft à peu près là que gît la feule objection qu'on puiffe faire encore contre l'adoption exclufive que je propofois d'en faire dans les places de guerre)?

Pl. 60, fig. 6. Qu'on foit prévenu qu'une chambre de 18 pieds $\frac{1}{2}$ de largeur & de 38 ^{pi} $\frac{1}{2}$ de longueur contiendra 16 lits de 3 ^{pi} 1 de large, ce qui, à deux hommes par lit, fera 32 hommes: dix chambres de cette efpèce logeront donc 320 hommes, & 100 en logeront 3200. Mais chaque chambre fera féparée de fa voifine par un pied-droit de voûte, ou mur de refend, de 3 pieds 2 d'épaiffeur, & les murs de face font de 2 pieds $\frac{1}{2}$; l'efpace occupé par chaque chambre hors œuvre devra donc être compté à 22 ^{pi} de largeur fur 43 $\frac{1}{2}$ de longueur: ainfi un corps de cafernes de dix chambres, capable de loger 320 hommes, aura 36 ^{to} 4 ^{pi} de long fur 7 ^{to} 1 ^{pi} 6 ^{po} de large; & pour en loger le double, ou 640 hommes, il aura, toujours fur la même largeur,

laiffoit pas que de faire une dépenfe qu'on peut éviter en pratiquant la cheminée dans un des murs de face, qui n'ont rien à démêler avec la pouffée des voûtes. Nous n'avons, au refte, marqué nulle part cette cheminée fur aucune de nos figures, tant parce qu'on peut la placer partout, que parce qu'on peut à la rigueur encore s'en paffer, & faire fortir, fi l'on veut, par les fenêtres, les tuyaux d'un ou de plufieurs poëles.

73 ᵗᵒ 2 ᵖⁱ de long, non compris la fur-épaiffeur de fes deux pignons ou culées, néceffaire pour réfifter à la pouffée de fes voûtes & à la fecouffe qu'elles recevront de la chute des bombes; fur-épaiffeur de 8 ou 9 pieds fi le bâtiment, n'ayant point de caves, n'a fon rez-de-chauffée élevé que de 6 pouces au-deffus du terrain, & de 12 ou 14 pieds fi la commodité d'avoir des caves engage à relever ce rez-de-chauffée de 3 ou 4 pieds. Rien n'empêcheroit donc de placer un femblable bâtiment derrière la courtine de chaque front d'une place de guérre.

Mais fi les bâtimens civils de la place, antérieurement conftruits, occupoient cet efpace, on en pourroit chercher un **Pl. 60,** autre, plus convenable peut-être, à la gorge de chaque baftion. **fig. 4,** Les culées du bâtiment feroient appuyées contre le terre-plein des courtines; & fi le baftion étoit plein, le bâtiment deviendroit lui-même la courtine d'un petit front de fortification qui ferviroit de retranchement à ce baftion. Pour cela, en cas **Pl. 60,** d'attaque de ce côté, on furchargeroit d'un parapet la face **fig. 8,** antérieure du bâtiment regardant vers le baftion, tandis que fa partie poftérieure, regardant l'intérieur de la place, ne porteroit que le terre-plein du retranchement. Si je demande pour cela que le baftion foit plein, c'eft afin d'avoir une contrefcarpe qui couvre la maçonnerie de mon bâtiment, & furtout les pieds-droits de fes voûtes (1).

(1) Voilà en effet le feul avantage du baftion plein dans cette circonftance; car fi l'on pouvoit fe procurer dans un baftion vide la même contrefcarpe par un remblai en glacis, foumis dans toute fa pente aux feux d'artillerie & de moufqueterie du retranchement, cela feroit tout auffi bon & peut-être encore meilleur : en effet, alors l'affiégeant, au lieu de cheminer de plein-

Il y a, au reste, une confidération fort fimple à faire pour ne pas être effrayé de la quantité de bâtimens de cette efpèce qu'exige effentiellement la défenfe de la plupart des places de guerre ; c'eft que, comme en temps de fiége il n'y a jamais qu'un tiers à peu près de la garnifon en repos, il fuffiroit de n'avoir de cette forte de cafernes dans chaque place que pour loger au complet le tiers de la garnifon néceffaire à fa défenfe.

Mais en même temps il ne faut pas perdre de vue que de femblables bâtimens font également néceffaires pour loger l'hôpital & les denrées fèches de l'affiégé. Quant à fes provifions liquides & à fes falaifons, elles pourroient continuer à occuper les fouterrains de la place, s'il y en avoit, ou, dans le cas contraire, les caves qu'on auroit foin de pratiquer fous quelques-uns de nos nouveaux bâtimens. Quant à nous, qui avons fous les flancs de nos tenailles des fouterrains affez confidérables, nous nous fervirons de ceux de ces fouterrains qui ne feront point engagés dans l'attaque, & conféquemment point occupés par l'artillerie, pour y loger la plupart des matériaux de notre

pied pour s'approcher du retranchement , & en venir couronner la contrefcarpe, feroit obligé de defcendre le talus intérieur du rempart par tranchées blindées, à caufe de la difficulté de s'y couvrir autrement contre les coups d'écharpe du retranchement ; & arrivé au bas, il y feroit dans le véritable égout des pierres & furtout des bombes & des grenades de ce même retranchement , fans compter qu'il y feroit expofé à la plongée des coups directs des groffes & petites armes, avec plus d'avantage & d'effet qu'il ne l'eût été fur le terre-plein du baftion plein : or cette contrefcarpe en glacis fera toujours praticable dans un baftion vide, au moyen du déblai des fondations & de celui des caves de notre bâtiment, auquel on joindra, s'il le faut , les décombres de la ville, qu'on y fera mener jufqu'à ce que le glacis foit formé tel qu'on veut l'avoir.

par

défenfe, tels que gabions, fafcines, fauciffons, bois de plateformes, bois à brûler &c. Ils feront auffi très-commodes pour
retirer les troupes de bivouac dans les dehors, étant parfaitement aérés, puifqu'ils font ouverts en entier par derrière &
que pardevant ils donnent iffue à un courant d'air par leurs
embrafures.

───────────

EXPLICATION

des figures relatives à ce chapitre.

PLANCHE LX.

FIG. VII. *Profil en long d'un corps de casernes voûté, à l'épreuve de la bombe, dont les deux pignons ou culées font adossés aux terres du rempart de part & d'autre.*

FIG. VI. *Plan de ce corps de casernes, dans une des chambres duquel on a marqué seize lits pour les trente-deux hommes qui doivent l'habiter. Chacune de ces chambres feroit chauffée par un ou deux poéles, fur lesquels cuiroit la marmite de la chambrée.*

FIG. V. *Élévation de ce corps de caserne, prise du dedans de la place.*

FIG. IV. *Plan à vue d'oiseau d'un femblable corps de casernes, conftruit à la gorge d'un baftion plein, & y fervant de courtine à un retranchement de la forme d'un petit front de fortification. L'efcarpe & la contrefcarpe de ce petit front font conftruites en entier, mais le foffé de fes faces n'eft déblayé qu'au moment du befoin, c'eft-à-dire au cas où, la place étant affiégée, le baftion feroit compris dans l'attaque. Pour ce même moment on formeroit le parapet du retranchement, ainfi que celui de fon chemin couvert, dont on foutiendroit le talus intérieur par des gabions et fafcines. En général, tout ce qui refteroit à faire pour ce moment de l'attaque, eft exprimé par un ponctué, dont l'accord avec les lignes pleines du plan indique fuffifamment, à ce qu'on efpère, l'état auquel alors fera porté ce retranchement.*

FIG. VIII. *Profil en travers, pris fur les lignes g h, h i des figures 4 & 6, qui coupe le corps de casernes & la contrefcarpe du retranchement,*

& fait voir en élévation le revêtement du flanc & du commencement de la face du demi-front gauche du retranchement, ainfi que les parapets & banquettes du baftion retranché. On a ponctué auffi la coupe du parapet dont on chargeroit le corps de cafernes, ainfi que l'élévation de celui du flanc & de la face du retranchement, & même encore l'élévation de la traverfe & de la place d'armes arrondie du chemin couvert de ce retranchement, y compris la rampe de fortie de cette place d'armes.

L 2

CHAPITRE VI.

Attaque & défenſe d'une place ainſi perfectionnée.

Nous voici parvenus à l'épreuve à laquelle nous étions im-
patiens de ſoumettre nos idées; car nous répétons que juſqu'ici elles ne ſont point fixées; mais elles le feront, à ce que
nous eſpérons, par le réſultat de l'opération qui fait la matière
de ce chapitre.

Mais depuis que par notre livre IV nous avons agrandi
le champ de nos conſidérations ſur la défenſe des places, il
ne nous eſt plus permis de traiter cette matière d'une manière
auſſi ſimple que nous l'avons fait précédemment, & nous
devons y embraſſer les divers rapports aux troupes, à l'artillerie, aux travaux de la défenſe, aux mines & même aux
approviſionnemens, que nous en avions écartés dans les premiers livres; car ce n'eſt que par la comparaiſon qu'on fera,
ſous tous ces rapports, de notre place avec celles des divers
ſyſtèmes, qu'on pourra décider, en pleine connoiſſance de
cauſe, de la préférence à lui accorder ou à lui refuſer ſur telle
ou telle de ces places.

Qu'on ne s'attende pas cependant que nous traitions ici
ces diverſes parties de la défenſe avec toute l'étendue que
nous leur avons donnée au livre IV; car ce ſeroit recommencer ce même livre ſous une autre forme; & loin de nous
l'idée d'allonger encore une matière qui n'a déjà que trop de
longueurs inévitables, ſous prétexte de la préſenter ſous une
face, en apparence nouvelle, mais au fond la même quant à
l'inſtruction que le lecteur en pourroit tirer. Nous ne ferons

donc maintenant qu'indiquer fommairement les befoins & les reffources de notre place fous ces différens rapports, afin de ne laiffer fur rien, s'il fe peut, le lecteur en proie à des idées vagues, qui ne permettroient à aucune certitude de s'affeoir dans fon efprit.

Voyons donc d'abord ce qu'il y aura à faire dans notre place pour fa défenfe, avant l'ouverture de la tranchée. Quant à ce qu'il y aura à faire après, on le trouvera dans le journal d'attaque & de défenfe, que nous en ferons à double colonne, à l'ordinaire.

Auffitôt qu'on faura l'ennemi dans le voifinage de la place, & fans attendre qu'il l'ait formellement inveftie, on y fera toutes les difpofitions de troupes & d'artillerie qui y feront néceffaires tant pour prévenir une furprife que pour mettre la place en état de tenir l'ennemi éloigné, de quelque côté qu'il fe préfente. Pour cela on montera du canon à barbette à tous les angles flanqués des baftions & des demi-lunes, & des mortiers dans les places d'armes faillantes du chemin couvert de ces dernières, pour éclairer de nuit, par leurs balles ardentes, à la moindre alarme, les avenues de la place & furtout l'intervalle d'une demi-lune à l'autre.

En même temps que des canonniers & autres hommes attachés au fervice de l'artillerie veilleront près de ces canons & mortiers, ces derniers feront encore foutenus de part & d'autre, chacun par deux petits poftes de quatre hommes, placés dans les deux traverfes voifines du faillant du chemin couvert de chaque demi-lune. Deux autres petits détachemens de huit hommes feront poftés dans les places d'armes rentrantes de chaque demi-lune, & tiendront chacun deux fentinelles, l'une à l'angle faillant de la place d'armes, l'autre au pied de celle des branches de fon glacis qui regarde la demi-lune voifine, d'où fe faifant une difpofition femblable, il arrivera que les fentinelles des deux ouvrages fe communiqueront & que rien ne pourra paffer entre elles fans être aperçu. Pour appuyer le flanc extérieur de chacun de ces petits poftes des places d'armes rentrantes, & les délivrer de tout autre foin que celui de la furveillance de l'intervalle qui eft entre eux, d'une demi-lune à l'autre, nous mettrons auffi un petit pofte de quatre hommes dans la traverfe voifine. De cette manière, & au moyen de feize hommes au lieu de quinze & de quatre fentinelles au lieu de trois, chaque demi-front de notre place fera gardé par le dehors, comme le dehors de chaque demi-front d'une place ordinaire l'étoit au chapitre III de notre livre IV.

Je ne répéterai pas le refte des difpofitions relatives tant à la cavalerie qu'à la garde du corps de place par les flancs des baftions; je ne parle pas non plus du gros mortier établi à l'épaule de chacun de ceux-ci, & deftiné à éclairer de nuit par fes balles ardentes, en cas d'alarme, le pied du glacis dans l'intervalle d'une demi-lune à l'autre : mais ce que je ne puis me difpenfer de dire, c'eft ce que deviendront les petits déta-chemens des places d'armes rentrantes des demi-lunes, fi on les attaque. Après avoir fufillé de derrière la paliffade de ces places d'armes, ils finiront, fi on les brufque, par fe retirer derrière les flancs bas des demi-lunes, d'où ils prendront en flanc par leur feu tout ce qui pourra fe préfenter fur les fail-lans du chemin couvert des baftions, dont les barbettes d'ail-leurs balaieront ces faillans, ainfi que tout l'intervalle d'une demi-lune à l'autre.

Quant aux petits détachemens des traverfes, ils pourront tenir plus long-temps, bien affurés de ne pouvoir être joints de plein-pied par l'ennemi; ils refteront donc dans l'étage fupérieur de ces traverfes, tant qu'ils ne verront point qu'on tente de les efcalader ou d'en couper la fraife ; & dans ce cas-là même ils fe contenteront de defcendre dans leur étage inférieur, d'où, bien enfermés au verrou, ils fufilleront l'ennemi par les créneaux de cet étage. Si celui-ci pénétroit dans l'étage fupérieur de la traverfe, & tentoit d'y brifer la porte qui conduit à fon étage inférieur, il en feroit empêché par le feu à cartouches du canon placé à barbette à l'angle faillant de la demi-lune ; s'il s'adreffoit aux traverfes de la place d'armes faillante, & par celui d'une petite troupe de huit hommes poftée fur chaque face retirée de la demi-lune, s'il s'adreffoit aux traverfes de la place d'armes rentrante; ces petites troupes ne feroient autre chofe que le bivouac de la garde du chemin couvert de la demi-lune, de moitié pour cette garde.

L'ennemi arrivé devant la place, & celle-ci formellement inveftie, aux difpofitions précédentes fe joindront celles de troupes portées en avant de la place, à 3 ou 400 toifes de jour, & à 100 ou 120 de nuit, pour empêcher qu'on n'en puiffe faire la reconnoiffance, & pour reconnoître & découvrir foi-même, s'il fe peut, les préparatifs de l'ennemi pour l'ouverture de la tranchée. Cent hommes par front, comme au chapitre III de notre livre IV, fuffiront pour cet objet; mais comme il n'y a ici que le chemin couvert de nos demi-lunes qui foit en état de protéger leur retraite, nous épargnerons, relativement au foutien de cette retraite, fi nous le voulons, les vingt-cinq hommes par front que dans la fortification ordinaire nous tenons dans la place d'armes faillante en avant de chaque baftion.

En même temps que ce fervice extérieur aura lieu, dès le premier moment de l'inveftiffement, & même plus tôt, fi l'on a dès-lors des raifons de croire à l'attaque réelle de la place, on s'occupera à mettre fur tous les bâtimens à l'épreuve de la bombe, la couche de deux ou trois pieds de terre qui y eft néceffaire pour amortir le choc des bombes fur leurs voûtes. Indépendamment des magafins à poudre, qui ne donneront ici ni plus ni moins de peine que dans les places ordinaires, nous avons à couvrir de terre l'hôpital, des cafernes pour le tiers au moins de notre garnifon tenu conftamment en repos, & le magafin des vivres pour la totalité : or, comme notre place eft un octogone, la totalité de fa garnifon, fuivant les fuppo-fitions du livre IV, & notamment felon les confidérations rela-tives à cette matière, rapportées au commencement du cha-pitre V dudit livre; la totalité, dis-je, de fa garnifon fera de 5000 foldats, à quoi ajoutant un cinquième pour les officiers, fergens, employés & valets, on aura à couvrir de terre, l'hôpital & les vivres d'une garnifon de 6000 hommes, & les logemens des 2000 hommes formant le tiers de cette garnifon tenu conftamment en repos.

Mais on a vu qu'il nous falloit, pour l'enfemble de l'hôpital & des vivres d'une garnifon de 4700 foldats, ou de 5640 hommes, y compris les officiers, employés &c., un efpace de 608 ^{to} 2 ^{pi} carrés de fuperficie : ainfi en augmentant cet efpace pro-portionnellement à l'augmentation de notre garnifon, il fera ici de 646 ^{to} carrées de fuperficie, équivalante à un bâtiment compofé de trente-trois chambres telles que nous les avons

décrites

décrites au chapitre précédent, & ayant conféquemment 124 ^{to} de long fur 7 ^{to} 1 ^{pi} 6 ^{po} de large.

D'un autre côté le logement de 2000 hommes conftamment en repos exigera foixante-trois femblables chambres, ou trois bâtimens en contenant chacun vingt-un, & ayant par confé-quent enfemble 240 toifes de longueur fur 7 ^{to} 1 ^{pi} 6 ^{po} de large.

Ce fera donc en tout une fuperficie de 2639 toifes carrées à recouvrir de 2 ou 3 pieds de terre, ou une maffe d'environ 1100 toifes cubes de terre à tranfporter fur ces bâtimens.

Mais en fuppofant des terres à portée, aux deux bouts de chacun de ces bâtimens, ces terres auront un tranfport moyen de 30 toifes en rampe, & d'environ 15 toifes en terrain uni; ce qui demandera, pour faire ce tranfport à la brouette, quatre hommes fe relayant, plus un cinquième & au plus un fixième homme à la fouille & au chargement de cette brouette: or un atelier ainfi compofé de cinq ou fix hommes ne pourra guères tranfporter moins de deux toifes cubes de terre par jour de douze heures de travail; ainfi nos 1100 toifes cubes n'exigeront qu'environ 3000 journées de douze heures de tra-vail, lefquelles pourront être facilement fournies pendant le temps de l'inveftiffement, par les bivouacs des gardes exté-rieures & autres fervices de la place.

On fe tient auffi dans notre place conftamment prêt, dès le premier moment de l'inveftiffement, à faire, dès l'ouver-ture de la tranchée, fur le front en face duquel elle s'ou-vrira, les tranfports & le feu d'artillerie décrits au chapitre Ier du livre IV.

J'avois d'abord penfé à faire l'attaque & la défenfe de ma place, armée de contremines, telles que je les ai décrites au chapitre **IV** du livre actuel; mais il en eût résulté dans le journal que j'aurois été obligé d'en faire, une longueur & une complication, qui m'ont, je l'avoue, effrayé : cela eût d'ailleurs eu l'inconvénient d'empêcher qu'on ne pût comparer cette place à aucune des autres dont nous avons donné l'attaque & la défenfe fans cet acceffoire, qui feroit ici plus confidérable peut-être que le fond. Nous ne pourrons cependant nous empêcher de mêler à notre attaque & défenfe un peu de guerre fouterraine, y ayant fous les chemins couverts, tant du corps de notre place que de fes dehors, une galerie magiftrale qui, abfolument néceffaire à la communication des traverfes à redan, eft de l'effence du fyftème, & y ayant auffi à la demi-lune & à fon réduit des galeries de gorge, lefquelles, fervant pareillement à la communication de ces dehors & veillant par leurs créneaux à en empêcher la furprife par leur gorge, ne font pas moins que la galerie magiftrale inhérentes au fond de notre mode de fortification.

JOURNAL.

ATTAQUE.	DÉFENSE.
PREMIÈRE NUIT.	
L'affiégeant, après avoir rempli tous les préliminaires d'inveftiffement & de circonvallation, fi toutefois celle-ci eft jugée néceffaire, & avoir fait tous les préparatifs convenables à l'ouverture de la tranchée, procède à cette opération. Ses reconnoiffances l'ont conduit à préférer	*L'affiégé, averti que la tranchée s'ouvre, ne perd point de temps à tirer fur ce travail de toutes celles de fes barbettes qui peuvent l'atteindre. Il fait ce feu à ricochet, tant pour ménager fa poudre & fes pièces que pour en multiplier les effets & atteindre à la fois les troupes qui exécutent le travail, celles*

ATTAQUE.

d'attaquer la place par deux demi-
lunes & un baftion, plutôt que par
deux baftions & une demi-lune; car
l'établiffement à faire fur cette dernière, préliminaire indifpenfable
avant de s'attacher aux baftions,
éprouveroit, entre fes deux collatérales intactes, de bien plus grandes
difficultés que n'en rencontrera l'établiffement fimultanément fait fur
les deux demi-lunes, attaquées par
celles de leurs faces qui fe regardent
réciproquement. C'eft donc en face
du baftion 3 du centre & des deux
demi-lunes collatérales 7 & 8 qu'il
ouvre la tranchée.

Mais il a encore ici à choifir entre deux partis : l'un, de fe contenter
d'embraffer par fa première parallèle
& par fes batteries à ricochet, les
deux demi-lunes 7 & 8 de l'attaque;
l'autre, d'étendre cette parallèle &
ces batteries à ricochet, jufqu'à
pouvoir enfiler la face droite de la
demi-lune 6, & la gauche de la demi-
lune 9, qui prendront en flanc tous
les cheminemens fur les capitales
des demi-lunes 7 & 8, & en rouage
les batteries à ricochet établies contre ces ouvrages. Le choix entre

DÉFENSE.

qui le couvrent, & même celles qui le
foutiennent en arrière, s'il y en a.

En même temps il tranfporte fon
artillerie légère & de réferve fur les
fronts qui font face à cette ouverture
de tranchée, & en fait, par plongée
par-deffus fes parapets, un feu à ricochet mefuré, quant à fa portée & à
fa fréquence, fur la diftance à laquelle
l'affiégeant a entrepris fon travail.

Les avant-poftes fe replient & fe
raffemblent à la gorge des demi-lunes
les plus voifines du travail de l'ennemi,
où ils attendent les ordres qu'on pourroit leur donner d'aller le troubler par
une fortie; & fur cela nous obferverons
que les intervalles laiffés fans chemin
couvert entre nos demi-lunes font extrêmement favorables au débouché &
à la retraite de ces forties, & qu'ils
font prefque exclufivement propres à
faciliter des forties de cavalerie, dont
la retraite par des barrières eft toujours extrêmement délicate & dangereufe, pour peu que cette troupe foit
pouffée vivement.

Au jour, on rectifie le tir & la pofition de fon artillerie, & l'on s'occupe
d'en garnir fuffifamment les différens
ouvrages, fuivant leur action plus ou

ATTAQUE.

ces deux partis peut dépendre des moyens en hommes & en artillerie de l'affiégeant : s'il en a peu, il fe reſtreindra au premier, qui peut fuffire à mener, quoiqu'avec plus de difficultés que le fecond, à la priſe de la place ; s'il en a beaucoup, il ne balancera pas à prendre le fecond parti (1). Quant à nous, qui fuppoſons qu'il a à ſa diſpoſition tous les moyens requis pour l'attaque la plus vigoureuſe de notre place, nous lui faiſons prendre ce fecond parti & embraſſer par ſa première parallèle les quatre demi-lunes. Il ouvre donc cette parallèle à 300 toiſes des faillans du chemin couvert de ces quatre demi-lunes,

DÉFENSE.

moins directe, & leur influence plus ou moins utile ſur le travail de l'ennemi.

En même temps l'aſſiégé, qui re-connoît quels ouvrages ſont attaqués, & qui n'a ni tambours à faire, ni double paliſſade à planter dans ſon chemin couvert, ni flèches à conſtruire en avant, ne doit pas perdre de temps à commencer un retranchement inté-rieur au baſtion 3 du centre de l'atta-que, bien certain que cette attaque finira par y aboutir. Quant aux deux baſtions collatéraux, qui ſemblent auſſi être compris dans l'attaque, il attendra pour y faire des retranchemens que cette attaque, plus avancée, paroiſſe ſe décider réellement vers l'un ou l'autre de ces baſtions.

(1) On nous dira peut-être : " Vous n'embraſſez, dites-vous, par votre pre-
„ mière parallèle & vos batteries, les demi-lunes 6 & 9, que parce que
„ ces demi-lunes prendroient en rouage les batteries à ricochet établies
„ contre les demi-lunes 7 & 8 ; mais les batteries à ricochets établies contre
„ les demi-lunes 6 & 9 éprouveront le même inconvénient de la part des
„ deux demi-lunes collatérales à ces deux dernières : vous devriez donc,
„ par la même raiſon, embraſſer celles-ci, & après celles-ci, les deux der-
„ nières de la place, dont vous feriez ainſi le tour par votre première
„ parallèle & vos batteries à ricochet ? "
A cela je réponds que, quelque parité qu'il y ait entre la poſition des batteries à ricochet établies contre les demi-lunes 6 & 9, & celle des batteries
du même genre établies contre les demi-lunes 7 & 8, par rapport aux
demi-lunes collatérales, il n'y en a cependant aucune entre l'importance
qu'il y a de protéger les unes, & celle de défendre les autres contre les

ATTAQUE.

& en même temps des communications en arrière fur leurs capitales.

Au jour, il rectifie & perfectionne
le travail de la nuit.

DÉFENSE.

Le retranchement du baftion 3, quelque forme qu'on juge à propos de lui donner, doit comprendre & couvrir les entrées des galeries faites ou à faire fous le rempart, deftinées à faire fau- ter les brèches & à difputer le deffous du terrain de l'intérieur du baftion. C'eft ici le lieu de remarquer que, s'il y a à la gorge du baftion 3 une de nos cafernes voûtées à l'épreuve de la bombe, le travail de retrancher ce baftion en fera extrêmement abrégé, & ne confiftera qu'à charger la caferne d'un parapet & à creufer le foffé des faces du retranchement, dont l'ef- carpe & la contrefcarpe auront été re- vêtues en maçonnerie dès la conftruc- tion de la place ou de la caferne. Voy. Pl. 57, fig. 4.

feux latéraux ; car ce ne fera qu'entre les tirs des batteries à ricochet contre la face gauche de la demi-lune 7 & la droite de la demi-lune 8, que fe feront tous les cheminemens & que fe paffera pour ainfi dire toute l'attaque. Ces batteries font donc les feules véritablement effentielles de l'attaque, & celles qu'il importe par conféquent le plus de maintenir en état de faire tout leur effet ; les autres ne font donc évidemment que fecondaires, & pourvu qu'elles réuffiffent à favorifer les premières, leur objet eft rempli : ce qu'elles ont à fouffrir du feu de l'affiégé, importe donc infiniment moins à l'affiégeant & au fuccès de l'attaque que ce qu'en ont à fouffrir les premières. Il n'y a donc pas les mêmes motifs de faire pour le leur épargner, ce qu'on fait pour défendre les batteries à ricochet contre les demi-lunes 7 & 8.

ATTAQUE.   *DÉFENSE.*

Les mineurs affiégés pourront auffi,
dès ce premier jour, s'occuper à pouffer,
de la galerie magiftrale, des rameaux
en capitale des demi-lunes 7 & 8, re-
croifés d'un double T.

Ils pourront également, en partant
des galeries de gorge de ces demi-
lunes & de leurs réduits, pouffer tant
deffous qu'au milieu de la hauteur de
l'efcarpe de ces ouvrages, des rameaux
terminés par des fourneaux deftinés à
faire fauter haut & bas les brèches qui
feront faites à ces mêmes ouvrages.

Des travaux fouterrains correfpon-
dans font également convenables, tant
fous la crête du chemin couvert du
baftion 3, que fous fon rempart : mais
à moins d'avoir affez de mineurs pour
tout faire à la fois, on peut remettre
à les entreprendre, au moment où la
plupart des autres feront terminés ; car
la défenfe des demi-lunes donnera du
temps de refte pour préparer la dé-
fenfe fouterraine du baftion.

Deuxième Nuit.

L'affiégeant achève la première
parallèle & commence l'établiffement
de fes premières batteries : elles font
au nombre de fix, perpendiculaires

L'affiégé, qui le jour précédent a
tranfporté fon canon léger & fes obu-
fiers ou mortiers montés fur affûts de
canon, dans le chemin couvert de fes

ATTAQUE.

chacune à un prolongement de face de demi-lune, qu'elles battront à ricochet ainfi que fon chemin couvert, tandis qu'une partie de leurs pièces, tirant pardeffus ce chemin couvert & le foffé de la demi-lune, battront de plein fouet la face de baftion en arrière, & que, labourant le parapet de l'autre face du même baftion, elles l'écharperont fortement & en enfileront peut-être même quelques parties.

Ainfi la batterie à ricochet contre la face droite de la demi-lune 6 & fon chemin couvert, écharpera la face droite du baftion 2.

La batterie à ricochet contre la face droite de la demi-lune 7 & fon chemin couvert, tirera de plein fouet à la face gauche du baftion 3 & en écharpera la face droite.

La batterie à ricochet contre la face gauche de la demi-lune 7 & fon chemin couvert, battra de plein fouet la face droite du baftion 2.

La batterie à ricochet contre la face droite de la demi-lune 8 & fon chemin couvert, battra de plein fouet la face gauche du baftion 4.

DÉFENSE.

quatre demi-lunes attaquées, & qui a renforcé l'artillerie de ces demi-lunes de toute celle des demi-lunes qui ne voient pas l'attaque, à une pièce près laiffée fur leur angle flanqué, fait de toute cette artillerie, ainfi que de celle du corps de la place, un feu à ricochet principalement dirigé fur les capitales des demi-lunes & fur le prolongement de leurs faces, dans la vue d'atteindre tant les travailleurs des cheminemens, s'il s'en fait, que ceux des batteries à ricochet, que déjà l'affiégeant pourroit entamer cette nuit.

Au jour, découvrant pleinement le travail de ces batteries à ricochet, & conféquemment le but qu'elles auront, il y dirige tout fon feu & fe difpofe à leur dérober autant que poffible fon artillerie.

Pour cela il transforme les barbettes de fes baftions en batteries à affûts de place à la Gribeauval, qui, élevant la genouillère des pièces à 5 pieds au-deffus de leurs plateformes, les mettent en état de tirer par des embrafures d'un pied feulement de hauteur, & fi l'on veut même fans embrafures (1). Il a dû commencer, dès le

---

(1) Pour s'épargner le travail de renfoncer ainfi ces barbettes, on devra

ATTAQUE.

La batterie à ricochet contre la face gauche de la demi-lune 8 & fon chemin couvert, tirera de plein fouet à la face droite du baftion 3, & d'écharpe à la face gauche.

Enfin la batterie à ricochet contre la face gauche de la demi-lune 9 & fon chemin couvert, écharpera la face gauche du baftion 4.

Chacune de ces batteries doit être forte & nombreufe, tant pour remplir la multiplicité des objets qui lui font affignés, qu'afin de fuppléer, s'il fe peut, par le nombre des pièces, à l'imperfeɕion de la direɕion de leur tir, qui au lieu d'enfiler les objets qu'il s'efforce de prolonger,

DÉFENSE.

jour précédent, à convertir les barbettes de fes demi-lunes en batteries à embrafures, en ayant foin de n'en percer que dans celles des faces de ces ouvrages qui regardent le centre de l'attaque, outre l'embrafure percée en capitale de chacun d'eux : il place auffi quelques pièces derrière la coupure de chaque face de ces demi-lunes, où elles fe trouvent couvertes contre l'enfilade par cette coupure, comme par une traverfe, et contre les coups d'écharpe, par la faillie de la première partie de la demi-lune, comme un flanc retiré l'eft par fon orillon.

Prévoyant auffi que les batteries auxquelles travaille l'ennemi combat-

---

avoir donné à celles du corps de place, en les conftruifant, 6 pieds de genouillère, pour y fervir, par des embrafures d'un pied de haut, de l'artillerie montée fur de femblables affûts ; ce qui fera fans inconvénient, le champ du tir de ces barbettes étant confidérablement rétréci par la pofition des demi-lunes collatérales, dont les barbettes, au contraire, ayant le champ le plus vafte, feront conftruites à l'ordinaire. On conviendra, j'efpère, que s'il eft un emplacement avantageux à ces pièces à affûts de place, c'eft, fans contredit, l'angle flanqué de nos baftious, dont les côtés, fur 18 toifes au moins de longueur, font exaɕtement couverts contre l'enfilade par la faillie des demi-lunes collatérales : ce qui fera que ces pièces, battues feulement direɕtement & d'écharpe, n'auront rien à fouffrir dans leurs affûts, ni rien abfolument à rifquer du canon ennemi, que d'en être bleffées au corps ; cas infiniment rare, à caufe du peu de furface que ce corps offre à frapper.

les

ATTAQUE.

les écharpe seulement sous un angle à la vérité extrêmement aigu.

Toutes ces batteries ne seront armées que de canons, afin de foiſſonner en ricochets : on n'ajoute point de mortiers suivant l'usage ; on les réserve pour les batteries de la deuxième parallèle, où à moindre portée ils jouiront de plus de juſteſſe.

Au jour on poursuit vivement le travail de ces batteries.

DEFENSE.

tront l'artillerie des faces de ses baſtions; et déſirant éviter ce combat, auquel à la longue il n'a rien à gagner, il commence à préparer à l'avance des emplacemens à cette artillerie, aux flancs droits des baſtions 1 et 2, et aux flancs gauches des baſtions 4 et 5, où, sans être en prise au feu de l'ennemi, elle n'en tirera pas moins efficacement à ricochet sur les cheminemens des attaques, et même sur les batteries de l'aſſiégeant. Il met par des parades les flancs droits du baſtion 2 et les gauches du baſtion 4 à l'abri des batteries des ailes de l'attaque : il peut même, s'il le veut, derober ce canon aux bombes comme aux boulets de l'aſſiégeant, en le plaçant dans les flancs caſemates des tenailles en avant des flancs de baſtions que nous venons de déſigner.

TROISIÈME NUIT.

L'aſſiégeant poursuit vivement le travail de ses batteries malgré le feu qu'il reçoit en tous sens de l'artillerie de l'aſſiégé, qui a eu un jour entier pour prendre & assurer ses directions. Pour attirer ailleurs une partie de ce feu, ou avancer un autre travail qui n'en soit pas inquiété, il

L'aſſiégé continue à profiter des nombreux emplacemens qu'offrent à son artillerie ses ouvrages, ses demi-lunes surtout, pour prendre d'écharpe, et toujours à ricochet, le travail des batteries de l'aſſiégeant : il doit auſſi cette nuit, où les pièces et les munitions doivent arriver à ces batteries, leur

ATTAQUE.

ouvre & pouffe en avant de fa première parallèle, des boyaux de communication fur les trois capitales des
demi-lunes 7 & 8 & du baftion 3,
jufqu'à peu de diftance des points
où il compte établir fa deuxième
parallèle (1).

Il amène, avant la fin de la nuit,
pièces & munitions à fes batteries,
pour peu que leur intérieur foit dif-
pofé à recevoir les unes & les autres.

Au jour, il achève de tout difpofer dans ces batteries, pour qu'elles puiffent, dans le courant du jour,
commencer à la fois leur feu contre
la place.

DÉFENSE.

*prodiguer les obus et les bombes dont
il n'aura le jour précédent tiré que de
quoi s'affurer de leurs portées.*

*Les pièces en capitale des demi-
lunes et du baftion 3 ne doivent pas
ceffer de tirer fur cette direction, pour
y rencontrer le travail des communications de l'affiégeant, s'il en pouffe cette
nuit en avant, ou au moins fes allées
et venues en arrière de fa parallèle, s'il
ne fait en avant aucun travail.*

*Au jour, on tire quelques coups de
plein fouet fur le travail imparfait des
communications; puis on réunit fucceffivement tout fon feu fur chacune
des batteries de l'ennemi, pour parvenir
à en mettre quelqu'une en défarroi
complet. Les barbettes partout regarnies
de canon folidement établi, et les bat-*

(1) Ici où je m'attaque moi-même, je dois, pour n'être point, même à mes
propres yeux, fufpeCt de me ménager, conduire l'attaque de mon mieux
& fans profiter d'aucun des défauts de la méthode ufitée : en conféquence
on me verra quelquefois m'écarter de l'ufage & y fubftituer ce que je crois
plus conforme à la raifon. C'eft ainfi que je ne termine point ici mes communications par des amorces de deuxième parallèle, à peu de diftance de
laquelle je me contente d'arriver; car ces amorces avertiffent l'affiégé, précifément 24 heures à l'avance, de la pofition que prendra cette parallèle,
& du moment où elle fera exécutée; circonftances fur lefquelles il feroit
cependant bon, ce me femble, de le laiffer dans quelque incertitude. Ceci
foit dit, une fois pour toutes, de tous les travaux du même genre qu'on
a coutume d'annoncer ainfi par des amorces.

ATTAQUE.   *DEFENSE.*

teries en arrière des coupures des demi-
lunes maintenant en état de tirer, don-
neront de grandes facilités pour cela,
et permettent l'espoir ou de tenir juf-
qu'au foir les batteries affiégeantes
hors d'état de tirer, ou, fi déjà elles
tirent, de les combattre jufqu'à cette
époque avec avantage.

QUATRIÈME NUIT.

L'affiégeant, s'il est parvenu le jour précédent à ouvrir le feu de fes batteries & à en régler l'élévation & la charge, le continuera vivement cette nuit. Alors, & non autrement, il pourfuivra le travail de fes communications & entreprendra celui de la deuxième parallèle qui doit les réunir : il arrêtera cette parallèle à fes extrémités, aux points où elle pourroit commencer à gêner le tir des batteries à ricochet contre la face droite de la demi-lune 7 & la gauche de la demi-lune 8, & même contre leur chemin couvert. Il ré-

Si l'affiégé a reconnu en avant de la première parallèle quelque boyau qu'il lui foit poffible de prendre d'en-filade par quelque contr'approche peu éloignée du chemin couvert de fes demi-lunes collatérales à l'attaque, il fera cette nuit cette contr'approche et la garnira de canon léger pour en faire feu au jour (1).

Il recommencera le feu de fes mor-tiers et obufiers contre les batteries affié-geantes, fans ceffer de tirer du canon à ricochet, tant contre ces batteries que contre le travail de la deuxième pa-rallèle & furtout de fes communications.

(1) Il faut cependant convenir que, d'après nos fuppofitions précédentes, la chofe ne peut avoir lièu ici : elle ne feroit faifable qu'au cas que les bat-teries à ricochet ne feroient établies que beaucoup plus tard, comme en avant de la deuxième parallèle, ou qu'il n'y en auroit point du tout d'établies contre les demi-lunes 6 & 9.

N 2

ATTAQUE.

sultera de là que, quoi qu'il puisse arriver, les quatre batteries les plus essentielles à l'attaque, celles qui enfilent ou écharpent les quatre faces des demi-lunes & les quatre faces des bastions, qui exercent contre cette attaque l'action la plus directe, conserveront leur activité sans interruption jusqu'à la fin du siége.

Si, au contraire, ses batteries n'avoient pu régler leur feu le jour précédent, il emploieroit la nuit à les mettre de tout point en état de le commencer avec effet au jour suivant.

Au jour, on rectifie le feu de toutes les batteries à ricochet, & on le mesure, quant à la charge & à l'élévation des pièces, sur l'observation attentive de la portée & du succès des premiers coups.

On reconnoît aussi & l'on détermine, pour y travailler la nuit suivante, l'emplacement de cinq batteries de mortiers en avant de la deuxième parallèle : savoir, deux à petite portée, vers les ailes de cette place d'armes, pour envoyer leurs bombes tout le long des faces droite de la demi-lune 7, & gauche de la

DÉFENSE.

En même temps les saillans et surtout les premiers crochets du chemin couvert des demi-lunes 7 et 8, garnis de fusiliers, feront agir leur mousqueterie, et des sorties faites, soit par les barrières de ce chemin couvert, soit par l'intervalle qui sépare l'un de l'autre ceux qui enveloppent chaque demi-lune en particulier, pourront troubler et peut-être même interrompre et arrêter ce travail. On peut ici remarquer qu'une sortie sur le centre de l'attaque, et dirigée suivant la capitale du bastion 3 ou à peu près, cheminera hors du tir des batteries assiégeantes, avec ses flancs parfaitement appuyés tant d'artillerie que de mousqueterie ; et qu'elle aura sa retraite à peu près sûre par le même chemin.

Au jour on retirera son artillerie de tous les postes où elle seroit trop en butte à l'artillerie assiégeante désormais dans tous ses avantages. On masquera les embrasures des barbettes des demi-lunes, & si le canon qu'on en retire ne pouvoit y trouver en arrière du parapet un emplacement sûr & favorable pour tirer par plongée pardessus ce même parapet, on pourroit dès-à-présent le placer sur les réduits des

ATTAQUE.

demi-lune 8, ainſi que le long de leur chemin couvert ; les trois autres à longue portée, ſavoir celle du centre, pour jeter ſes bombes à l'angle flanqué & le long des deux faces du baſtion 3, les deux autres pour jeter leurs bombes, l'une ſur la face & le flanc droits du baſtion 2, l'autre ſur la face & le flanc gauches du baſtion 4.

DEFENSE.

demi-lunes, dans des embraſures d'où il tireroit en toute ſûreté par plongée pardeſſus les parapets de ces demi-lunes.

Outre les emplacemens déjà déſignés à l'artillerie du corps de place ſur les flancs des baſtions & des tenailles, on peut lui en trouver d'autres également favorables ſur les courtines adjacentes au baſtion 3, d'où elle pourra, parfaitement couverte contre l'artillerie aſſiégeante, tirer à ricochet ſur le cheminement du centre & en général ſur le centre des attaques.

CINQUIÈME NUIT.

On travaille, en avant de la deuxième parallèle, aux cinq batteries de mortiers qu'on vient de déſigner, & en même temps on y ouvre des boyaux de communication ſur les trois capitales de l'attaque. Les feux de l'aſſiégé, qui s'y croiſent en tous ſens, pourront rendre ce travail aſſez périlleux pour exiger qu'il ſoit fait à la ſape pleine ; dans tous les cas on ne le fera marcher que lentement juſqu'à ce que les batteries de mortiers ſoient en activité.

Au jour on continue les mêmes

On fait ſur l'aſſiégeant, & particulièrement ſur ſes cheminemens, un feu d'artillerie croiſé en tout ſens, & un feu de mouſqueterie qu'on a ſoin d'augmenter à meſure qu'il s'avance, en garniſſant de proche en proche, de fuſiliers, les diverſes parties du chemin couvert des demi-lunes, auſſitôt qu'elles deviennent à portée de l'atteindre de cette arme.

Au jour on dirige ſon feu, ſoit ſur les tranchées, ſoit ſur le nouveau travail des batteries de mortiers, ſuivant que l'imperfection reſpective de ces divers travaux y promet à ce feu un ſuccès plus facile.

ATTAQUE.   *DEFENSE.*

travaux avec plus de précaution encore que la nuit.

SIXIÈME NUIT.

On achève les batteries de mortiers, ou au moins on les met en état
de recevoir leurs pièces & leurs munitions, qu'on y amène avant la fin
de la nuit.

On continue auſſi à pouſſer à la
ſape pleine les communications ſur
les trois capitales de l'attaque.

Au jour on met les batteries de
mortiers en état de tirer, & l'on travaille le reſte du jour à en aſſurer
les portées de manière à remplir,
dès la nuit ſuivante, les divers objets
pour leſquels on les a établies.

On pouſſe également à la ſape le
travail des communications.

*On fait ſur les batteries de mortiers
le plus grand feu, ſurtout de bombes
& d'obus, dont on a aſſuré la portée
le jour précédent, afin d'y empêcher ou
rendre périlleux l'apport des pièces, &
ſurtout des munitions, qui doit s'y faire
cette nuit.*

*On ne néglige point non plus d'é-
charper à ricochet, en tout ſens, les
zigzags de l'ennemi, & de redoubler
deſſus, à meſure qu'ils approchent, le
feu de la mouſqueterie des chemins
couverts.*

*Au jour on dirige ſon feu ſur la
tête des ſapes, & l'on réunit ſucceſſivement ſur chacune des batteries de
mortiers la plus grande partie des
effets de ſon artillerie, pour eſſayer de
réduire quelques-unes de ces batteries
au ſilence, ou au moins d'en troubler
le ſervice, de manière à ce qu'elles ne
puiſſent parvenir à régler leur feu de
la journée.*

SEPTIÉME NUIT.

Si les zigzags pouſſés à la ſape ſont
déjà parvenus à 75 ou 80 toiſes des

*A meſure que l'aſſiégeant avance, il
ſe met en butte à de nouveaux feux,*

ATTAQUE.

faillans du chemin couvert des deux
demi-lunes 7 & 8, on fera, de droite
& de gauche des capitales de ces
demi-lunes, des demi-places d'armes
fort courtes, qu'on ne pouffera que
jufqu'au tir des batteries à ricochet
fur le chemin couvert. Si, de ces
batteries à ricochet, celles du centre
de la première parallèle fe trou-
voient mafquées déjà par la deuxième
parallèle, on joindroit alors les deux
demi-places d'armes l'une à l'autre,
c'eft-à-dire, qu'on feroit du tout une
troifième parallèle : fi au contraire
ces batteries à ricochet du centre
jouiffent encore de toute leur aftion,
l'on fe gardera de les mafquer par
une troifième parallèle continue,
mais on fera en tête de la communication du centre une troifième
demi-place d'armes ; non pour y
mettre, comme dans les deux autres,
des batteries d'obufiers contre le
chemin couvert, mais poûr y barrer
le chemin & s'oppofer aux forties,
qui autrement auroient trop de facilités à tourner & à envelopper les
deux demi-places des ailes. C'eft de
cette dernière manière que notre
attaque êft cenfée procéder & qu'elle

DEFENSE.

non-feulement de moufqueterie des dif-
férentes parties du chemin couvert à
portée defquelles il parvient, mais d'ar-
tillerie cachée, c'eft-à-dire, dérobée aux
coups de l'artillerie affiégeante.

Déjà depuis long-temps en prife à
l'artillerie des flancs des baftions et des
tenailles, il s'expofe maintenant à celle
que l'affiégé ne peut manquer d'établir
aux flancs hauts & bas des demi-lunes
et de leurs réduits, laquelle, fans rien
rifquer des batteries affiégeantes, qui
ne peûvent la voir, pourra tirer de part
et d'autre fur les travaux des capitales
des demi-lunes 7 et 8, foit de plein
fouet, foit à ricochet, ainfi qu'il con-
viendra mieux aux circonftances et à
l'état de ces travaux.

Cette nuit donc l'affiégé pourra
tranfporter et faire agir fur les flancs
droits des réduits des demi-lunes 6 et 7,
et gauches de ceux des demi-lunes 8
et 9, ainfi que fur leurs flancs bas,
quelques canons qu'il aura retirés des
lieux où ils étoient le plus expofés. Ces
canons font placés là dans des embra-
fures ouvertes à l'avance, pour pou-
voir, dès le premier moment, tirer de
plein fouet ou à ricochet à volonté.

Les facilités pour les forties augmen-

ATTAQUE.

eft repréfentée fur la planche 59. Le feu des batteries de mortiers en pleine activité favorife, ainfi que celui des batteries à ricochet, l'exécution de ces travaux.

Au jour on perfectionne le travail de la nuit, & l'on détermine l'emplacement des batteries dans les demi-places d'armes, celles d'obufiers aux ailes de l'attaque, pour enfiler les différentes branches du chemin couvert des demi-lunes 7 & 8, & celles de canon mêlé d'obufiers dans la demi-place d'armes du centre, pour battre de plein fouet l'angle flanqué & les deux faces du baftion 3 de l'attaque, & en rafer même s'il se peut le parapet.

DEFENSE.

tent auffi à mesure que l'ennemi avance fur les trois capitales fans place d'armes qui réuniffe fes communications : c'eft le cas d'en tenter de petites, qui toujours inquiètent et retardent, et de finir par quelque grande fortie qui foit décifive et culbute les travaux. L'à-propos de celle-ci confifte fpécialement à prendre l'affiégeant dans le temps de l'exécution de fes demi-places d'armes.

Au jour on canonne avec plus de précifion les nouveaux travaux de l'affiégeant.

HUITIÈME NUIT.

On travaille aux batteries ci-deffus indiquées dans les demi-places d'armes, defquelles en même-temps on débouche en fape double & debout, le défilement des zigzags devenant trop difficile par l'extrême faillie des demi-lunes collatérales. On n'ouvre dans les demi-places d'armes des ailes qu'un feul débouché fur les capitales des demi-lunes

L'affiégé continue d'accabler par un feu d'écharpe croifé en tout fens la tête des travaux de l'ennemi, particulièrement de ceux qui cheminent en capitale des deux demi-lunes. Si, ce qui ne dépend que de lui, il a maintenu quelques pièces à l'angle flanqué de fes demi-lunes et au faillant de leur chemin couvert, ces pièces prendront les demi-places d'armes fur les capi-

7 & 8,

ATTAQUE.

7 & 8, mais on en ouvre deux dans celle du centre, l'un à droite, l'autre à gauche de la batterie qui y eſt établie; & pour ne pas maſquer cette batterie, on dirige les ſapes qui partent de ſes extrémités, chacune à l'extrémité du chemin couvert de la demi-lune dont elle eſt le plus proche.

Au jour, continuation du travail des nouvelles batteries, & ſi l'on peut, des ſapes doubles & debout.

DÉFENSE.

tales des demi-lunes qui leur ſont réciproquement collatérales, d'écharpe tellement oblique que cela équivaudra à l'enfilade à bien peu de choſe près.

Au jour tous les ricochets dirigés de leur premier bond ſur la tête des nouvelles ſapes, ſans que leurs autres bonds ſoient perdus pour le reſte des travaux de l'aſſiégeant, empêcheront ces nouvelles ſapes de cheminer, et forceront l'aſſiégeant d'en remettre le progrès à la nuit ſuivante.

NEUVIÈME NUIT.

L'aſſiégeant achève ſes nouvelles batteries dans les demi-places d'armes, & y amène pièces & munitions. En même temps il pouſſe en avant ſes ſapes doubles & debout, deſtinées à être ſes communications à la troiſième parallèle.

Au jour ſes nouvelles batteries ouvrent leur feu, & ſi elles n'en impoſent pas à celui de l'aſſiégé, du moins le forcent-elles à de nouvelles diſpoſitions d'artillerie, & même de mouſqueterie.

Feu de mortiers et d'obuſiers, redoublé ſur les nouvelles batteries de l'aſſiégeant. Feu de mouſqueterie et de canon à l'ordinaire, croiſé ſur les quatre têtes de ſapes.

En même temps, pour échapper à l'effet des nouvelles batteries qui doivent jouer au jour, on retire de derrière les branches du chemin couvert des demilunes, le canon et la mouſqueterie qui s'y trouvent; et l'on place le premier immédiatement derrière les divers crochets de ce chemin couvert, et la mouſqueterie, tant derrière ces mêmes crochets que ſur les traverſes en arrière. Des pierriers ſont placés aux ſaillans

ATTAQUE.   *DÉFENSE.*

de ce chemin couvert, et reculant le canon de l'angle flanqué du baſtion 3, on ne le fait plus tirer par ſes embraſures, mais par plongée par-deſſus ſon parapet, en ſorte que portant ſes boulets de leur premier bond ſur la nouvelle batterie du centre de l'attaque, leurs autres bonds ſoient tous au profit des cheminemens et autres travaux en arrière.

D'un autre côté la poſition nouvelle de ce canon, quelque peu reculée qu'elle ſoit, le dérobe tout-à-fait aux coups d'écharpe des batteries de la première parallèle ; & le parapet du baſtion, de quatre toiſes d'épaiſſeur à ſon angle flanqué, met ce canon parfaitement hors d'atteinte des coups directs de la nouvelle batterie ennemie du centre de l'attaque, d'autant qu'il reſte & de l'eſpace & toutes les terres de la barbette pour épaiſſir encore ce parapet par le dedans, s'il en eſt beſoin.

DIXIÈME NUIT.

L'aſſiégeant, parvenu à peu près à mi-chemin de ſes demi-places d'armes aux ſaillans du chemin couvert des demi-lunes 7 & 8, y entame une troiſième parallèle interrompue.

L'aſſiégé continue à faire ſans riſque feu du canon de ſes flancs cachés de demi-lunes, de réduits, de tenailles & même de baſtions, ſur les travaux que pouſſe l'aſſiégeant ſur les capitales

ATTAQUE.

à fon centre, pour ne pas mafquer la batterie du milieu de la demi-place d'armes du centre de l'attaque. Le feu de cette batterie & des batteries d'obufiers en pleine activité, joint à celui de toutes les anciennes batteries, prépare & favorife le fuccès de ce travail.

Au jour il perfectionne les fapes ébauchées de la nuit bien plutôt qu'il ne peut les prolonger.

DÉFENSE.

des demi-lunes. Il fait de femblables feux, fur les approches du baftion 3, des embrafures en biais qu'il a percées dans les deux courtines adjacentes à ce baftion ; le tout fans préjudice aux autres feux, tant d'artillerie que de moufqueterie, qu'on pourra faire de tous les emplacemens favorables qu'offrent çà & là en grand nombre les remparts & les chemins couverts tant du corps de la place que des dehors.

Au jour tous ces feux font principalement dirigés fur la tête des fapes, avec plus de précifion qu'ils n'ont pu l'être de nuit.

Onzième Nuit.

On pouffe le plus vivement qu'on peut les fapes de la troifième parallèle, qui n'ont marché de jour qu'avec une extrême lenteur, & l'on travaille à établir dans les parties achevées de cette place d'armes, en face des faillans du chemin couvert des demi-lunes, des batteries de pierriers deftinées à faire abandonner totalement à l'affiégé ces faillans & l'étage fupérieur des traverfes qui les foutiennent.

Au jour, la troifième parallèle doit

Outre tous les feux décrits précédemment, lefquels deviennent toujours plus meurtriers, furtout ceux de pierriers, l'affiégé peut, s'il le veut, troubler encore le travail des fapes de la troifième parallèle, par de fréquentes forties, raffemblées derrière les traverfes du chemin couvert des demi-lunes 7 & 8, & débouchant de ce chemin couvert par les barrières les plus rapprochées de ces faillans. Un bout de traverfe en gabionnade fait à l'amont de ces barrières, permettra à

ATTAQUE.

être finie, & l'on achève de la mettre en état de répondre, par un feu vif de pierriers & de moufqueterie, à celui de cette efpèce qui lui eſt fait des chemins couverts.

DÉFENSE.

l'affiégé d'y arriver à couvert des obus & des ricochets de l'affiégeant. Un coup d'œil jeté, planche 59, fur la poſition de ces barrières, ſuffira pour faire comprendre de quoi il eſt ici queſtion.

DOUZIÈME NUIT.

On amène pièces & munitions aux batteries de pierriers de la troiſième parallèle, de laquelle on débouche par deux fapes deſtinées à couper perpendiculairement les capitales des demi-lunes, à 12 ou 13 toifes de la pointe du faillant de leur chemin couvert, pour en faire un logement d'où le mineur affiégeant puiſſe attaquer le mineur affiégé jufques dans fa galerie magiſtrale.

Au jour, les batteries de pierriers ouvrent leur feu contre les faillans du chemin couvert des demi-lunes & leurs traverfes.

L'affiégé retire fes pierriers des places d'armes faillantes du chemin couvert des demi-lunes, pour les placer fur le rempart de ces ouvrages, derrière la pointe de leur angle flanqué, où ils feront hors de la portée des pierriers de l'affiégeant, mais non hors de celle des travaux ultérieurs qui lui reſtent à faire.

Au jour, le feu de l'affiégé fe dirige fur les nouvelles fapes de l'affiégeant, & fi elles fe font affez avancées pour être à la portée des pierriers qu'on vient de placer aux angles flanquées des demi-lunes, elles en recueillent les premiers coups.

TREIZIÈME NUIT.

On achève les logemens commencés la nuit précédente.

Au jour, on ouvre dans chacun de ces logemens trois puits, l'un fur la

L'affiégé, qui voit pouſſer des fapes & établir des logemens à peu de diſtance de fon rameau d'alerte, doit y écouter avec grande attention, pour s'y

ATTAQUE.

capitale de la demi-lune, les deux
autres à droite & à gauche du premier, à 7 ou 8 toifes de diftance,
pour aller placer des fourneaux fous
la crête du chemin couvert, lefquels puiffent crever la galerie magiftrale & endommager les traverfes
voifines des faillans.

DÉFENSE.

oppofer à tout cheminement fouterrain
que l'ennemi pourroit entamer du fond
de ces logemens.

Au jour, entendant creufer des puits,
il commence à tout préparer pour
charger un fourneau (1), qui, en endommageant le logement, détruira le
puits que l'on y creufe fur la capitale.

QUATORZIÈME NUIT.

On continue à creufer les trois
puits dans chacun des deux logemens à mineurs, faits en avant des
faillans du chemin couvert des demi-lunes 7 & 8.

Au jour, après le jeu du fourneau de l'affiégé, l'affiégeant fe tra-

On achève la charge & le bourrage
du fourneau placé à l'extrémité du rameau d'alerte.

Au jour, on le fait fauter (2); il
renverfe le centre du logement & dé-
truit le puits creufé en capitale. On
dirige auffitôt fur les débris de ce loge-

(1) L'affiégé agiroit d'une manière plus profitable à fa défenfe & plus conforme aux règles de la guerre fouterraine, s'il fe contentoit d'attendre
fans bruit le mineur affiégeant jufqu'à la portée du camouflet, pour,
après le lui avoir donné, charger & faire jouer enfuite fon fourneau.
J'omets fouvent ici les intermédiaires, tant pour abréger que pour ne pas
prêter à l'affiégé une conduite trop déliée, qui me feroit fufpeéter de par-
tialité en fa faveur.

(2) La figure ne repréfente pas le jeu de ce fourneau, ni même aucune
opération fouterraine de l'affiégé; elle omet également une partie des opérations de ce genre faites par l'affiégeant : on a été obligé d'en ufer ainfi
pour ne pas rendre tout-à-fait inintelligible le deffin, qui n'eft mal-
heureufement déjà que trop compliqué. Au refte le leéteur qui nous aura
fuivi jufqu'ici doit maintenant en favoir affez pour pouvoir fe paffer de ces
petits détails, & fuppléer de lui-même à leur omiffion.

ATTAQUE.

verfe de part & d'autre de la brèche faite à fon logement, & continuant à creufer les deux puits qui lui ref. tent, entre par leur fond en galerie quand ils font parvenus à profondeur.

En même temps il eft préparé & extrêmement alerte, tant dans fes logemens que dans la troifième parallèle qui les foutient, pour repouffer toute fortie que l'affiégé pourroit faire fur ces logemens.

DÉFENSE.

ment toute l'artillerie qui peut en voir l'intérieur, & fi l'on croit pouvoir en culbuter le refte par une fortie, on la tente.

QUINZIÈME NUIT.

On rétablit le centre des logemens en arrière de l'entonnoir qui les a renverfés, & l'on y recommence un puits fur la capitale. On pourfuit le travail des galeries qui partent du fond des deux autres puits, & l'on redouble de précautions pour repouffer toutes forties & les empêcher de pénétrer dans les logemens à mineurs.

L'affiégé doit, à l'entrée de la nuit, tout tenter pour pénétrer par une fortie dans les logemens de l'affiégeant, et pour y détruire les puits qui peuvent s'y trouver, au moyen de bombes de 8 pouces ou de facs de poudre apportés à cet effet par la fortie.

SEIZIÈME NUIT.

Continuation du travail des galeries de droite & de gauche des capitales des demi-lunes. On continue auffi à creufer les puits en capitale de ces demi-lunes, & à

L'affiégé ne doit point, fuivant l'ufage, fe hâter de charger les fourneaux qu'il a préparés à l'extrémité des doubles T qu'il a faits pour défendre la crête de fon chemin couvert ; mais

ATTAQUE.

pousser de leurs fonds, sur ces capitales, des galeries destinées principalement à attirer l'attention du
mineur assiégeant, pour la détourner
des deux capitales collatérales.

DÉFENSE.

*bien plutôt s'en servir pour écouter la
marche souterraine de l'assiégeant, et
s'y opposer, soit en marchant à lui
de son côté, soit en l'attendant, pour le
repousser par un camouflet ou pour le
faire sauter par un fourneau.*

D I X - S E P T I È M E N U I T.

Comme la précédente.

Comme la précédente.

D I X - H U I T I È M E N U I T.

Comme la précédente.

Comme la précédente.

D I X - N E U V I È M E N U I T.

On termine les galeries collatérales
aux capitales des demi-lunes, à 14 to
de distance des puits où elles ont
pris naissance.

Au jour on creuse une chambre
de mine au bout de chacune de ces
galeries, & l'on prépare la caisse de
leurs poudres.

En même temps on pousse en
avant de la troisième parallèle quatre
sapes doubles & debout, destinées à
s'arrêter à hauteur des saillans des
chemins couverts des demi-lunes.

*Le mineur assiégé, s'il n'a point été
au-devant du mineur assiégeant, ce qui
eût toujours produit le bon effet de le
retarder dans sa marche, se tient du
moins prêt à faire jouer contre lui un
fourneau entre deux terres, ou un violent
camouflet, quand il s'apercevra qu'il
charge ses globes de compression, afin
d'en rompre le bourrage ou au moins
d'en déranger les saucissons.*

V I N G T I È M E N U I T.

On fait le transport de la poudre
dans les mines que l'on charge en
globes de compression, & comme

*Dès le moment où l'assiégé entend
le bruit de la charge et du bourrage
des fourneaux de l'assiégeant, il ne doit*

ATTAQUE.   *DÉFENSE.*

elles ont environ 25 pieds de ligne de moindre réfiftance, chaque four-neau reçoit une charge de 7500 liv. de poudre. On fe hâte de bourrer ces mines fur la fin de la nuit & dans le courant du jour fuivant, pour les faire jouer, s'il fe peut, à l'entrée de la vingt-unième nuit.

On continue à pouffer en avant de la troifième parallèle les quatre fapes doubles & debout commencées la nuit précédente.

pas perdre de temps à charger lui-même ceux qu'il deftine à jouer entre deux terres, et pour en augmenter l'effet et le déterminer vers l'ennemi, il peut percer du côté de celui-ci, à quelques pieds dans les terres, des trous de trépans, dans lefquels il fera entrer une partie de la charge de fes four-neaux.

Vingt-unième nuit.

L'affiégeant fait jouer deux globes de compreffion de part & d'autre du faillant du chemin couvert de cha-cune des deux demi-lunes 7 & 8. Ils forment fous chacun de ces faillans un entonnoir oblong de 40 toifes de long fur 24 de large, qui crève la galerie magiftrale de part & d'autre de fes faillans, & ébranle & fait peut-être écrouler la pointe des deux traverfes, de part & d'autre auffi de chacun de ces faillans.

Il répare auffitôt fes logemens fur le bord de ces grands entonnoirs, & travaille fur le champ à y établir des batteries pour achever de ruiner

L'affiégé, auffitôt qu'il s'eft remis du défordre où le jettent la commotion et les déblais lancés par les globes de compreffion, fait fur les logemens ébranlés de l'affiégeant un feu vif d'ar-tillerie et de moufqueterie; puis, avant la pointe du jour, il doit faire fur les mêmes logemens, tant par le dedans que par le dehors du chemin couvert, une fortie pour les culbuter dans les entonnoirs.

Indépendamment de ces difpofitions extérieures, il en doit faire de non moins efficaces dans l'intérieur de fa galerie magiftrale, de part et d'autre des points où elle a été rompue, pour

les

ATTAQUE.

les traverſes de chemin couvert les plus voiſines, & détruire de même celles qui les ſuivent, par la trouée que les premières laiſſent entre elles & la branche de chemin couvert qui leur eſt parallèle.

Il place auſſi le plus promptement poſſible, dans les mêmes logemens, quelques pierriers, pour combattre &, s'il ſe peut, faire taire ceux des angles flanqués des demi-lunes.

En même temps il travaille à former une quatrième parallèle entre les deux grands entonnoirs, au moyen de huit ſapes ſimples, dans leſquelles il diviſe les quatre ſapes doubles & debout, qu'il a pouſſées les deux nuits précédentes en avant de la troiſième parallèle.

DÉFENSE.

en tirer des rameaux qui s'approchent des bords de l'entonnoir, ſoient terminés par des fourneaux deſtinés à le recombler, au cas que l'aſſiégeant vienne à l'occuper de quelque manière que ce ſoit.

VINGT-DEUXIÈME NUIT.

L'aſſiégeant travaille vivement aux batteries de ſes logemens du ſommet des entonnoirs, & tâche d'amener, cette nuit même, les pièces & les munitions à ces nouvelles batteries, pour pouvoir les faire tirer dans le courant du jour ſuivant. Toute ſon attention & tous ſes feux ſont dirigés à combattre ceux de l'ennemi, qui tous ſe portent ſur ces batteries.

L'aſſiégé continue, ſuivant des directions obſervées de jour, à faire feu ſur les logemens du ſommet des entonnoirs & ſur le travail des batteries qu'on y établit, les feux des flancs hauts & bas des réduits de demi-lunes, qu'aucune batterie ennemie ne peut voir, maltraitant particulièrement ces deux étroites têtes de l'attaque. Il ne néglige pas non plus de canonner la tête des

ATTAQUE.

Au jour, on achève ces.batteries & l'on tâche d'en tirer, avant la nuit, affez de coups pour pouvoir ruiner les traverfes qui fuivent celles des faillans des chemins couverts des demi-lunes 7 & 8.

On a dû, cette nuit même, parvenir à fermer la quatrième parallèle qui va d'un des entonnoirs à l'autre. On l'achève & l'on travaille à y conftruire au milieu une batterie où l'on tranfportera le canon de celle de la demi-place d'armes du centre ; on fait auffi à fes extrémités des batteries de pierriers pour s'en fervir à tourmenter l'intérieur des deux demi-lunes de l'attaque.

DÉFENSE.

fapes qui travaillent à former une quatrième parallèle. Il profite d'ailleurs du moment où cette quatrième parallèle vient à mafquer la batterie affiégeante de la demi-place·d'armes du centre, pour faire reparoître à l'angle flanqué du baftion 3 une artillerie qui. n'y fera plus contre-battue que par les batteries de la première parallèle.

Au jour on redoublera de vivacité & de juftefe dans l'exécution de tous ces feux, lefquels doivent parvenir à retarder jufqu'à la nuit fuivante la mife en action des batteries nouvelles·de l'affiégeant.

On pourfuit, tant de jour que de nuit, les travaux fouterrains en avant des ruptures des galeries·magiftrales du chemin couvert des demi-lunes 7 & 8, pour faire, quand il en fera temps, jouer des fourneaux, qui recombleront, en les évafant, les grands entonnoirs de l'affiégeant.

VINGT-TROISIÈME NUIT.

Si par le feu des nouvelles batteries l'on eft parvenu à ruiner les fecondes traverfes du chemin couvert des demi-lunes 7 & 8, on s'établira dans celles des branches de ce

L'affiégé qui aura retiré fes pierriers derrière les coupures ·des faces des demi-lunes 7 & 8, et qui doit avoir quelques obufiers dans les réduits des places d'armes rentrantes du chemin

ATTAQUE.

chemin couvert qui regardent le centre de l'attaque jufqu'à ces mêmes traverfes, par une gabionnade pofée à la fape volante, à 15 ou 18 pieds de diftance du fommet de la con-trefcarpe, communiquant avec les extrémités de la quatrième parallèle qui vient d'être établie. Pendant cette opération, & pour la favorifer, les batteries des logemens en arrière tireront au fommet des parapets des demi-lunes 7 & 8.

Au jour, & même plus tôt, fi ces gabionnades peuvent être aupara-vant folidement établies, on y creu-fera, le long de ces fecondes traverfes, des puits deftinés à crever de nou-veau la galerie magiftrale, pour en débarraffer l'affiégeant depuis cet endroit jufqu'aux faillans du chemin couvert.

On pourfuit, tant de jour que de nuit, le travail de l'établiffement & du tranfport de la batterie de la demi-place d'armes du centre, dans le milieu de la quatrième parallèle, & l'on achève les batteries de pier-riers des extrémités de cette place d'armes.

DÉFENSE.

couvert de ces ouvrages, s'en fervira pour rendre extrêmement meurtrier l'établif-fement de l'affiégeant dans l'intérieur de ce chemin couvert; il y réuffira d'autant mieux que cet établiffement fe fait fous le feu à bout portant de la moufqueterie des demi-lunes, et à la petite portée de leurs grenades à main. L'affiégeant ne pourra donc réuffir qu'à la faveur de quelque furprife, ou pour mieux dire, par quelqu'une de ces négligences mal-heureufement trop communes dans la défenfe des places. D'un autre côté, cet établiffement, s'il ne réuffit pas de cette manière, à la fape volante, fera plus difficile encore peut-être à faire à la fape pleine; tous les feux fe réu-niffant fur la tête des fapes qui chemi-neront pour le former, lefquelles d'ail-leurs pourront être à chaque inftant in-fultées de l'intérieur du chemin couvert: & puis, la marche lente de cette fape pleine donnera à l'affiégé le temps de fe précautionner contre l'enfoncement qu'on veut faire de fa galerie.

Au refte, de quelque manière que ces logemens de l'intérieur du chemin couvert aient lieu, on pourra, foit pendant qu'on les fait, foit après, en chaffer l'affiégeant avec la plus grande

P 2

ATTAQUE.   *DÉFENSE.*

facilité, par des sorties rassemblées dans les places d'armes rentrantes du chemin couvert des demi-lunes, qui se porteront à la fois sur ces logemens par le dehors & par le dedans des chemins couverts. Il est impossible que l'assiégeant tienne à la fois contre cette double attaque, surtout contre celle du dehors; qui le prend du haut en bas, à revers (1).

- Cependant le mineur assiégé, qui doit être arrivé de l'extrémité ou rupture de sa galerie magistrale, sous les bords du grand entonnoir (2) de l'assiégeant, par deux rameaux poussés de part et d'au-

---

(1) Que si l'on me dit que l'assiégé, se montrant ainsi au dehors, souffrira beaucoup du feu de la quatrième parallèle, j'en conviendrai. Mais il ne s'y présentera que de nuit & en attaquant en même temps l'extrémité de la quatrième parallèle; il ne s'y présentera qu'avec peu de monde, & ne fera que paroître & disparoître : car pourvu qu'il se présente, n'importe comment, en quel nombre & pour combien de temps, il remplira son objet de chasser l'assiégeant & de lui culbuter ses gabions; le succès ne peut être douteux.

(2) Ici, & souvent ailleurs dans le courant de ce journal, je ne parle que d'un entonnoir, que d'un logement &c., quoiqu'il y en ait réellement deux, l'un à la demi-lune 7, l'autre à la demi-lune 8. Je me suis décidé à ce parti tant pour ne pas partager l'attention du lecteur que pour éviter l'embarras dans les explications que je donne. Je prie donc qu'on me le passe, & qu'on veuille bien se souvenir que tout ce qui se passe à l'attaque ou à la défense d'une demi-lune, doit se passer aussi à l'attaque ou à la défense de l'autre.

ATTAQUE.   *DÉFENSE.*

tre de cette galerie, charge, à l'extrémité de ces rameaux, des fourneaux qui, sans endommager la contrescarpe, évaseront jusqu'à son sommet le grand entonnoir, dont ils recombleront le fond en même temps qu'ils détruiront l'extrémité de la quatrième parallèle & le commencement des logemens de l'intérieur du chemin couvert.

D'un autre côté le mineur assiégé se portera toujours de sa galerie magistrale, mais en montant autant qu'il pourra, sous la crête du chemin couvert, pour la faire sauter avec le petit revêtement qui la soutient dans l'intérieur du chemin couvert sur le logement de l'assiégeant, le tout sans crever sa propre galerie, plus enfoncée que ces fourneaux.

VINGT-QUATRIÈME NUIT.

L'assiégeant creuse les puits de ses logemens de l'intérieur du chemin couvert avec vivacité, & avec d'autant moins de crainte que l'assiégé ne le fasse sauter dans ce travail, que celui-ci ne pourroit y réussir sans crever sa propre galerie, & sans faire ainsi lui-même ce à quoi l'assiégeant s'efforce de parvenir.

L'assiégé achève le bourrage de ses fourneaux sous les bords des grands entonnoirs, & les fait jouer peu avant le jour. Il fait suivre immédiatement leur effet d'une sortie dont les troupes se portent de préférence aux extrémités endommagées de la quatrième parallèle, & les travailleurs aux logemens de l'intérieur du chemin cou-

ATTAQUE.

Aussitôt que ces puits seront descendus, soit sur la voûte de la galerie, soit à côté de ses pieds-droits, soit à portée d'elle, de quelque manière que ce soit, ce dont on s'assurera par la sonde; on y chargera au fond des fourneaux trop foibles pour faire entonnoirs à la surface du terrain, mais assez forts pour crever la galerie; &, après avoir placé l'auget & le saucisson de chacun de ces fourneaux dans un des angles de son puits, on recomblera celui-ci pour faire jouer le fourneau le plus promptement possible.

Si cela réussit à temps, on convertira aussitôt en batterie de brèche le logement de l'intérieur du chemin couvert de chaque demi-lune; mais si au contraire on est prévenu par l'effet des fourneaux & des sorties de l'assiégé, & qu'on soit chassé de ce logement de manière à n'y revenir qu'après qu'il aura été renversé & que les puits en auront été détruits, alors on n'aura rien à faire que d'attendre la nuit suivante pour tout rétablir & recommencer sur nouveaux frais.

DÉFENSE.

vert, pour achever de les détruire, & surtout les puits que le mineur assiégeant y a creusés.

Au jour, la sortie se retire, & le feu du canon, des bombes & des pierriers, lui succède sur les travaux endommagés de l'assiégeant.

Le mineur assiégé met ce temps à profit pour s'élever de sa galerie magistrale vers la crête du chemin couvert, & pouvoir, sans nuire à cette galerie, renverser une partie du parapet de ce chemin couvert sur les logemens de son intérieur, quand l'ennemi les aura rétablis.

ATTAQUE.   *DÉFENSE.*

Vingt-cinquième nuit.

L'affiégeant rétablit les extrémités de fa quatrième parallèle & fes logemens de l'intérieur du chemin couvert, & furtout les puits qu'il y avoit creufés, afin de parvenir enfin, s'il eft poffible, à crever la galerie magiftrale de l'affiégé avant que celui-ci n'ait le temps de s'en fervir à faire jouer encore quelque fourneau.

Au jour il pouffe vivement le travail de ces puits, & fe hâte d'en charger le fond en fourneau contre les galeries de l'affiégé.

L'affiégé ufe de tous fes moyens pour déranger de nouveau l'opération du mineur affiégeant, & par là retarder toute l'attaque. S'il a pu préparer contre le puits de celui-ci quelque camouflet ou quelque fourneau qui, jouant fous le revêtement du parapet du chemin couvert, recomble ce puits ou le détruife de quelque manière que ce foit, il aura atteint fon but, l'affiégeant ne pouvant avancer qu'il n'ait de nouveau crevé la galerie magiftrale.

Vingt-sixième nuit.

Il y a ici entre le mineur affiégeant & le mineur affiégé un combat uniquement de vîteffe, où le premier des deux qui fera en état de faire jouer aura évidemment l'avantage. Suppofons que ce foit pour cette fois l'affiégeant, & que du fond de fes puits il foit parvenu à crever les galeries de l'affiégé.

Auffitôt, & tandis qu'on travaille à établir dans les logemens de l'intérieur des chemins couverts, des batteries de brèche contre les demilunes, le mineur affiégeant s'enfonce

Le mineur affiégé, que je fuppofe ici s'être laiffé prévenir, fe reporte à l'inftant au point où fa galerie vient d'être rompue, pour en tirer des rameaux allant les uns vers les batteries de brèche de l'affiégeant, les autres vers fes defcentes de foffé. Il y rencontrera partout le mineur affiégeant, qui s'y fera enfoncé dans la vue de préferver d'accident ces différens travaux. Il va donc s'engager entre eux une guerre de mineur à mineur, où, pour peu que l'affiégé n'ait pas conftamment le deffous, il parviendra à retarder l'affié-

ATTAQUE.

de nouveau par des puits, fous les flancs de ces batteries de brèche, pour aller de là au-devant du mineur affiégé qui, parti de derrière la nouvelle rupture de fa galerie, cherche fans doute à fe porter fous ces batteries pour les faire fauter.

En même temps on travaille, à l'abri des secondes traverfes du chemin couvert, à la defcente du foffé des demi-lunes ; & pour protéger le paffage de ce foffé, on fait fervir les batteries établies dans les logemens du fommet des grands entonnoirs, de contrebatteries aux faces du baftion 3.

DÉFENSE.

geant dans fon but de faire brèche aux demi-lunes & d'en paffer le foffé. Cependant, pour ne pas paroître tomber dans le vague d'hypothèfes qu'on pourroit foupçonner d'être purement gratuites, nous nous abftiendrons de fuivre les événemens de cette guerre fouterraine, & fuppofant qu'ils fe paffent tous uniquement de mineur à mineur, nous ne leur attribuerons aucune influence fur ce qui fe paffe à la furface du terrain.

VINGT-SEPTIÈME NUIT.

On continue à travailler à l'établiffement des batteries de brèche, des defcentes de foffé, & des puits & rameaux deftinés à mettre les uns & les autres à l'abri des mines de l'affiégé.

On protège tous ces travaux par le plus grand déploiement poffible de feux, non-feulement des contrebatteries du fommet des grands entonnoirs, mais encore de moufqueterie de la quatrième parallèle, de canon du centre de cette place d'armes,

L'affiégé emploie fes mineurs & les moyens que leur donnent les reftes de fa galerie magiftrale à attaquer les batteries de brèche & les defcentes de foffés de l'affiégeant.

La pofition enfoncée des travaux de ce dernier dans le chemin couvert les met à l'abri de la plupart des feux d'artillerie de l'affiégé, fi ce n'eft de ceux de projection qu'il doit y réunir en forçant de moyens de tout genre, en y dirigeant toutes les bombes de la place, en amenant de nouveaux pierriers ; foit

&

ATTAQUE.

& de pierriers de fes extrémités. Les batteries d'obufiers des demi-places d'armes tirent aux demi-lunes, ne pouvant plus tirer à leur chemin couvert; les batteries de mortiers de la deuxième parallèle continuent fans difficulté leur feu, auquel rien ne peut faire obftacle : mais ce qui eft plus rare & a lieu dans cette occafion, c'eft que les batteries à ricochet de la première parallèle contre la face droite de la demi-lune 7, & la gauche de la demi-lune 8, continuent leur feu d'enfilade contre ces faces, n'ayant rien qui les mafque, & fans autres travaux affiégeans à franchir que ceux de l'intérieur des chemins couverts; ce que cette pofition rend bien facile, en même temps qu'elle met ces travaux à l'abri de tout inconvénient réfultant du feu de ces batteries.

DÉFENSE.

à l'angle flanqué des réduits des demi-lunes 7 & 8, foit dans leur foffé; en plaçant des obufiers, ou à leur défaut du canon à ricochet, à l'angle flanqué du baftion 3, pour enfiler ces batteries de brèche; & enfin en lançant des grenades à main de derrière les parapets des demi-lunes fur ces batteries, et furtout fur les defcentes de foffé qui leur font accolées.

Le refte de l'artillerie de la place, celle des flancs des réduits de demi-lunes furtout, aura beau jeu pour combattre les contrebatteries des logemens des grands entonnoirs, ainfi que les batteries de pierriers des extrémités de la quatrième parallèle.

VINGT-HUITIÈME NUIT.

On amène aux batteries de brèche leurs pièces & leurs munitions.

Au jour elles ouvrent leur feu : on achève les defcentes de foffé.

Comme la précédente.

VINGT-NEUVIÈME NUIT.

On débouche dans les foffés des demi-lunes, & l'on en commence

On redouble contre les defcentes de foffé, depuis qu'elles ont débouché,

ATTAQUE.

le paffage fous la protection du feu
des contre-batteries du fommet des
grands entonnoirs. Si ce travail eft
tourmenté, comme il doit l'être, par
les grenades & par les pierres, il
faudra le conduire entre deux épaulemens (dont le fecond ne fera qu'une
fimple gabionnade) & le blinder par-
deffus.

Le feu des batteries de brèche
continue fortement, & les brèches
commencent à fe former.

DÉFENSE.

*le feu de pierriers et de grenades.
Jufqu'ici l'affiégeant a pu fe dérober
facilement aux effets de ce feu en blin-
dant fes defcentes, ou mieux encore en
les faifant fouterraines, en galeries de
mines ; mais, maintenant qu'il eft dans
le foffé, il lui devient plus difficile de
fe blinder, et il lui faut plus de travail
pour le faire entre deux épaulemens.*

TRENTIÈME NUIT.

Les brèches s'achèvent & on y
donne affaut. On emploie le refte
de la nuit à fe loger au fommet de
ces brèches & à l'angle flanqué des
demi-lunes, fans trop s'approcher des
arrondiffemens de leur gorge, de
peur des mines, & à faire les communications de ces logemens avec
les paffages de foffé, par des fapes conduites le long de la rampe des brèches.

En même temps le mineur affiégeant entre en galerie fous le déblai
de ces brèches, tant pour aller au-
devant du mineur affiégé que pour
placer, à tout événement, un globe

*Comme il y a une diftance d'au moins
20 toifes entre la brèche et la galerie de
l'arrondiffement de la gorge de chaque
demi-lune, nous ne fuppoferons pas
que l'affiégé ait pouffé fes travaux fouterrains jufques fous le pied de cette
brèche, tant à caufe de la longueur de
ce travail que par la difficulté, qui n'eft
pourtant rien moins qu'infurmontable,
de conferver de l'air jufques-là ; mais
au moins nous avons droit de fuppofer que fes rameaux s'étendent jufques fous le fommet de cette brèche,
à 15 ou 16 toifes de fa galerie de gorge.
Dès qu'il a vu la brèche entamée, il
n'a pas dû manquer d'y charger un*

ATTAQUE.   *DÉFENSE.*

de compreſſion ſous le terre-plein de chaque demi-lune, qui au beſoin en renverſe la gorge à ſon arrondiſ-ſement & détruiſe les coupures des faces de ces demi-lunes.

Au jour, ſi l'on ne peut ſoutenir contre le feu & les ſorties de l'aſ-ſiégé les logemens du ſommet des brèches & de la pointe des demi-lunes, on attend à la nuit ſuivante pour y revenir & les occuper plus ſolidement.

fourneau : il ne le fait toutefois point jouer au moment de l'aſſaut, ayant d'autres reſſources à faire valoir aupa-ravant.

Ces reſſources conſiſtent dans le feu à cartouches d'un canon ou obuſier placé à l'angle flanqué du réduit; dans celui des pierriers raſſemblés en arrière de cet angle ; dans le feu des faces de baſtions collatérales à la demi-lune, paſſant, ſoit par-deſſus le foſſé de ſon réduit, ſoit par-deſſus le foſſé de la demi-lune elle-même , en raſant par dehors les parties retirées de ſes faces ; dans le feu plus efficace encore de la mouſqueterie des deux étages de chaque coupure des faces de cette demi-lune ; puis enfin dans les ſorties qu'on fera de derrière ces coupures lorſqu'on verra l'ennemi ſuffiſamment fatigué et ébranlé par l'effet de cette réunion de feux.

L'aſſiégé attend donc l'aſſaut dans les diſpoſitions néceſſaires à l'exécution de tous ces feux, & ſans autres défen-ſeurs, dans la pointe de ſes demi-lunes, que quelques grenadiers & fuſiliers, très-prompts à ſe retirer derrière les coupures.

Au jour, l'aſſiégé, après avoir mieux que jamais dirigé ſon feu, fera ſa ſortie

Q 2

ATTAQUE.   *DÉFENSE.*

de derrière ses deux coupures à la fois,
& chassera vraisemblablement l'assié-
geant de son logement & de la brèche
jusqu'à la nuit.

TRENTE-UNIÈME NUIT.

Soit que l'affiégeant ait été chaffé de fon logement & s'y rétabliffe maintenant, foit qu'il s'y foit maintenu, il travaille à s'y donner, ainfi que fur le revers de la brèche, plus d'efpace, tant pour y raffembler plus de forces contre les forties, que pour pouvoir y placer du canon contre les coupures. Il s'étend auffi à droite & à gauche de ce logement, par des fapes pouffées dans l'épaiffeur du parapet de la demi-lune (1), pour fe donner des efpèces de flancs & un feu plus direct contre le débouché de leurs barrières.

Il continue à pouffer fon rameau du pied de la brèche fous le terreplein de la demi-lune.

Soit que l'affiégé ait ou non chaffé de jour l'affiégeant de fon logement, il continue à faire contre lui, s'il s'y rétablit maintenant, les mêmes tentatives, foit par fon feu, foit par fes forties. Si l'ennemi eft trop folidement établi pour céder à aucun de ces moyens, on aura recours à celui de la mine; mais comme celui-ci ne peut manquer fon effet, & qu'il fera éprouver d'autant plus de retards et de pertes à l'affiégeant, que celui-ci aura fait plus de frais dans fon logement, il ne devra être employé qu'à l'extrémité & quand le canon amené dans ce logement fera prêt à jouer contre les coupures.

TRENTE-DEUXIÈME NUIT.

L'affiégeant continue de travailler à l'arrangement d'une petite batterie dans fon logement à l'angle flanqué

L'affiégé eft très-attentif aux progrès que fait l'affiégeant dans le travail de la petite batterie de fon logement. Lorfqu'il

(1) Il n'a pas été poffible d'exprimer ces fapes fur le deffin.

ATTAQUE.

de chaque demi-lune, pour s'en servir
à détruire les coupures en les ca-
nonnant à la naiffance des voûtes
de leur étage inférieur.

S'il pouvoit y parvenir avant que
l'affiégé ne fît fauter quelques fourneaux, fa marche s'en trouveroit de
beaucoup abrégée, parce qu'alors,
emportant ces coupures & s'avançant
fous leur abri jufqu'à l'arrondiffement de la gorge de l'ouvrage, il en
pourroit enfoncer la galerie de part
& d'autre de cet arrondiffement, au
moyen de tonneaux de poudre, garnis
d'étoupilles, defcendus dans le foffé.

Il continue à pouffer fous le terre-
plein de la demi-lune fa galerie,
pour fuppléer au moyen précédent
dont l'affiégé ne le laiffera vraifemblablement pas tranquillement faire
usage.

DÉFENSE.

*s'aperçoit que l'artillerie y arrive, et
avant qu'elle n'ait tiré, il fait jouer fon
fourneau qui, placé dans la moyenne
région des terres de la brèche, en dé-
blaie le haut et en envoie les déblais
dans le foffé, en endommageant plus
ou moins le logement de l'angle flanqué
de l'ouvrage.*

*Auffitôt après le jeu de ce fourneau
arrivent de derrière les coupures, des
deux côtés à la fois, des forties pré-
parées qui, attaquant le logement dans
ce défordre, et maintenant qu'il eft fans
communication avec l'affiégeant, par
une brèche ainfi déblayée et efcarpée,
n'ont pas de peine à l'emporter, fi toutefois ceux qui l'occupoient ne fe font
hâtés de l'abandonner.*

TRENTE-TROISIÈME NUIT.

L'affiégeant, après le jeu du fourneau de l'affiégé, & avoir, par une
fuite prefque néceffaire de l'effet de ce
fourneau, abandonné fon logement,
fe borne à faire de fes batteries
grand feu fur le fommet de la brèche
pour empêcher l'ennemi d'y venir
voir ce qui fe paffe dans le foffé; puis

*L'affiégé, après avoir chaffé l'ennemi
de la pointe de fes demi-lunes & y avoir
rafé fes logemens, y rétablit quelques
grenadiers & fufiliers, le long des flancs
ou profils des brèches, pour en rendre
de nouveau l'accès meurtrier. S'il peut
y rouler de groffes grenades & y jeter
des artifices, il pourra caufer quelque*

ATTAQUE.   DÉFENSE.

il répare & nettoie dans fon paffage
de foffé, & furtout dans le puits de
fon mineur, qui eft au bout de ce
paffage, tout ce qui peut y avoir
fouffert de l'explofion & de la chute
des déblais du fourneau.

Quand tout eft réparé, le mineur
affiégeant pourfuit le travail de fa
galerie, qui, plus enfoncée que le
fourneau qui vient de jouer, n'en
aura rien fouffert.

*accident, tant au puits du mineur af-
fiégeant qu'au paffage blindé qui y conduit à travers le foffé.*

TRENTE-QUATRIÈME NUIT.

Le mineur affiégeant, parvenu
fous la capitale de la demi-lune, à
12 toifes à peu près de fon entrée en
galerie & à 15 toifes environ, tant de
l'arrondiffement de la gorge que des
coupures de chaque face de l'ouvrage,
y creufe la chambre d'un globe de
compreffion qui, ayant 28 pieds de
ligne de moindre réfiftance, fera
chargé de 8400 ℔ de poudre.

*Comme la précédente, à moins que
(ce qui feroit au refte plus vraifemblable) l'affiégé, qui doit avoir quelques
galeries d'écoute, pouffées de fa galerie
de gorge vers l'efcarpe de fes demi-
lunes, à niveau du fond de leurs foffés,
& même plus bas, s'il eft poffible, ne
s'en ferve pour oppofer auffi aux opérations fouterraines de l'affiégeant quelque obftacle fouterrain, que le long efpace parcouru par celui-ci aura donné
au premier tout le temps de préparer.*

TRENTE-CINQUIÈME NUIT.

On fait le tranfport & la charge des
poudres des globes de compreffion.

Au jour, fi cette opération eft finie,
on en commence le bourrage.

Comme la précédente.

ATTAQUE.   *DÉFENSE.*

TRENTE-SIXIÈME NUIT.

On achève, pendant cette nuit & la plus grande partie du jour fuivant, le bourrage des globes de compreffion, qu'on fait jouer vers la fin de la journée. Quoiqu'ils foufflent violemment, & que leur effet fe porte de préférence & beaucoup trop vers la brèche & vers les terres meurtries par le jeu du fourneau qu'a fait précédemment jouer l'affiégé, ce qui envoie fur les travaux de l'affiégeant de prodigieux déblais, l'énorme charge & la furabondance de force des poudres n'en renverfent pas moins tout l'arrondiffement de la gorge des demi-lunes, & n'en crèvent pas moins l'étage inférieur de leurs coupures.

Nous fuppofons ici, ou que l'affiégé n'a point été en mefure de troubler l'opération du mineur affiégeant, ou qu'il a négligé de le faire, ou que, l'ayant tenté, il y a échoué. Il faut en convenir, tout ceci n'eft rien moins que vraifemblable, mais il faut en finir : on peut cependant, pour être jufte, finon tenir du retard qu'éprouveroit fans doute ici l'affiégeant un compte précis, difficile à régler, du moins porter ce retard au profit de notre défenfe, pour mémoire.

TRENTE-SEPTIÈME NUIT.

On infulte à l'entrée de la nuit les coupures endommagées des demi-lunes, & l'on forme un logement allant de l'une à l'autre de ces coupures par le revers de l'entonnoir, à droite & à gauche duquel on pouffe, dans l'épaiffeur du parapet de ces coupures & des faces des demi-lunes, des fapes dont le feu interdira à l'af-

L'affiégé fait de fes réduits de demi-lunes un feu de moufqueterie & de grenades, foutenu avec une attention particulière à tout ce qui pourroit s'avancer le long de la gorge des faces des demi-lunes, afin d'y empêcher le tranfport d'aucuns tonneaux de poudre, & de leur faire prendre feu avant qu'on n'ait eu le temps de les defcendre le long des pieds-

ATTAQUE.

fiégé le retour dans le terre-plein
de ces faces ; & , à mefure que ces
fapes feront abandonner le chemin
couvert au-deſſous, on pouſſera de la
quatrième parallèle des fapes doubles
& debout ſur les arêtes des places
d'armes rentrantes de ce chemin
couvert.

Pour ſe prémunir contre toute entrepriſe ſouterraine que pourroit faire
l'aſſiégé en partant des ruptures de
ſa galerie de gorge, on va, à la faveur
de la nuit, porter ſur cette galerie,
de part & d'autre de ſes ruptures, le
plus au loin qu'il eſt poſſible, des
tonneaux de poudre garnis d'étoupilles, qu'on deſcend au moyen de
cordes le long de ſes pieds-droits.
Après que ceux-ci ſont enfoncés par
l'exploſion de cette poudre, on ouvre
au travers des déblais lancés par le
globe de compreſſion, dans le foſſé
du réduit, un paſſage épaulé du côté
de la place, pour aller attacher le
mineur au revêtement de ce réduit.

On protège tout cela en faiſant
tirer contre les réduits, par-deſſus les
débris de la pointe de leurs demi-
lunes, les contre-batteries du ſommet
des grands entonnoirs.

DÉFENSE.

droits de la galerie. Cependant le mi-
neur aſſiégé ſe reporte aux ruptures
faites à cette galerie par le globe de
compreſſion, pour faire jouer ſous les
coupures des fourneaux qui les effa-
cent & les faſſent ſervir à recombler
l'entonnoir de ce globe.

L'artillerie du corps de la place,
jouant par la trouée des foſſés des ré-
duits, & les pierriers cachés derrière
la gorge de ceux-ci, concourent à ren-
dre meurtriers le logement et toutes les
opérations de l'aſſiégeant. Des ſorties
raſſemblées à la gorge de chaque ré-
duit, et arrivant par ſes foſſés de part
et d'autre, à couvert juſqu'aux épaules
de ce réduit, ajouteront encore aux
nombreux dangers de l'aſſiégeant.

TRENTE-

ATTAQUE.   *DÉFENSE.*

TRENTE-HUITIÈME NUIT.

L'affiégeant achève de s'épauler dans le foffé des réduits des demi-lunes 7 & 8, & attache fon mineur à l'efcarpe de ces réduits.

L'affiégé, qui doit avoir des rameaux pouffés de la galerie de gorge de fes réduits jufques derrière leur efcarpe, y écoute & entend venir le mineur affiégeant au travers de la maçonnerie de cette efcarpe. Il fe porte donc à fa rencontre au travers des terres pour lui donner le camouflet.

TRENTE-NEUVIÈME NUIT.

Le mineur affiégeant perce péniblement & lentement la maçonnerie de l'efcarpe des réduits.

Le mineur affiégé fe porte facilement & lentement au travers des terres au-devant du mineur affiégeant.

QUARANTIÈME NUIT.

Le mineur affiégeant parvient derrière la maçonnerie de l'efcarpe du réduit de chacune des deux demi-lunes de l'attaque. S'il n'y reçoit point à fon débouché le camouflet, il pouffe droit devant lui par un rameau, & fur fes flancs par deux autres, qui côtoieront la maçonnerie du revêtement jufqu'à ce qu'ils foient parvenus derrière fes contre-forts. Il doit s'attendre à recevoir le camouflet quelque part, peut-être même partout; mais il lui fuffit qu'un de fes trois rameaux arrive à fa defti-

Le mineur affiégé qui, de fes rameaux à droite & à gauche du débouché du mineur affiégeant, doit s'être porté vers ce débouché, en côtoyant la queue des contre-forts de l'efcarpe, rencontrera vraifemblablement le mineur affiégeant dans les deux rameaux des flancs de fon attaque fouterraine & l'y défolera par des camouflets; mais à moins d'avoir commencé dans fa galerie de gorge un rameau en face du débouché de l'affiégeant, le rameau du centre de l'attaque fouterraine de celui-ci avancera jufques vers le milieu de l'é-

ATTAQUE.

nation pour renverfer par un globe de compreffion, s'il le faut, le réduit jufqu'à fa gorge.

DÉFENSE.

paiffeur du réduit fans obflacle, tandis que fes rameaux des flancs feront la petite guerre avec le mineur affiégé.

QUARANTE-UNIÈME NUIT.

Le rameau du centre de l'attaque fouterraine parvient au milieu de l'épaiffeur du réduit. On y creufe une chambre de mine, finon pour un globe de compreffion, qui n'eft pas néceffaire à fi peu de diftance des revêtemens de gorge & d'efcarpe qu'il faut renverfer, du moins pour un fourneau affez fortement chargé pour ouvrir l'un & l'autre de ces revêtemens. Si, au milieu des camouflets donnés & reçus, le mineur affiégeant s'eft maintenu derrière les contreforts de l'efcarpe, il y chargera auffi deux petits fourneaux qui, jouant en même temps que le grand, élargiront la brèche.

L'affiégé, qui a donné des camouflets fur les deux flancs de l'attaque fouterraine, doit mettre à profit le temps qu'ils lui font gagner pour s'avancer de manière à couper auffi le rameau du centre. Le mineur affiégeant, particulièrement attentif à cet objet, le repouffe à fon tour par des camouflets donnés, foit de fes rameaux des flancs promptement rétablis, foit du rameau du centre, fi l'affiégé parvient à s'en approcher affez pour cela. Nous ne donnons point de journal de tout ce qui peut arriver à cet égard, comme étant d'un détail trop minutieux & furtout trop conjectural.

QUARANTE-DEUXIÈME NUIT.

L'affiégeant charge & bourre fes fourneaux, tant grands que petits, pour les faire jouer à l'entrée de la nuit fuivante.

Comme la précédente ; feulement on doit retirer du terre-plein des réduits l'artillerie qui s'y trouve & que, fans cela, l'évènement de l'attaque fubite qui doit fuivre le jeu des fourneaux que prépare fans doute l'affiégeant, ne manqueroit pas de lui livrer.

ATTAQUE.   *DÉFENSE.*

QUARANTE-TROISIÈME NUIT.

L'affiégeant fait jouer fes fourneaux : ils font une large brèche à
l'efcarpe de chaque réduit & une
plus étroite à fa gorge. Ses mineurs
effaient de pénétrer dans la galerie
de cette gorge par fes ruptures, fi
elles font acceffibles ; finon ils travaillent à la crever de part & d'autre
de la brèche au plus loin poffible, par
des tonneaux de poudre placés contre
fes pieds-droits.

Ses fapeurs fe fraient un paffage
au travers de l'entonnoir, viennent
le couronner & former un logement
dans les derrières de l'angle flanqué,
& adouciffant l'efcarpement des bords
de l'entonnoir, ils pouffent leur logement jufques fur le terre-plein du
réduit.

En même temps on avance les
fapes des parapets des faces des demi-
lunes, & les zigzags de leurs foffés,
jufqu'aux extrémités de ces faces; ce
qui fait abandonner les réduits des
places d'armes rentrantes de leur
chemin couvert, & permet de pouffer
jufqu'à hauteur de ces places d'armes
les fapes qu'on y a dirigées de la quatrième parallèle, & même de réunir

L'affiégé, auffitôt après le jeu des
fourneaux de l'affiégeant, doit faire une
fortie dans le centre vide de chaque ré-
duit, rentrer en même temps fur leur
terre-plein au moyen des deux efcaliers
qui y montent de la galerie fouterraine,
et repouffer, avec l'avantage de la fupé-
riorité et de la difpofition environnante
du terrain, l'affiégeant mal établi dans
les terres bouleverfées de l'entonnoir.
Alors il couronnera lui-même d'une
gabionnade le fommet de cet entonnoir,
et en interdira l'approche à l'affiégeant
par un feu foutenu de moufqueterie et
de grenades. Cette manœuvre doit cer-
tainement lui réuffir, et le feul danger
qu'elle lui offre, d'être coupé et pris à
dos par l'affiégeant venu des foffés du
réduit et de la demi-lune, de part et
d'autre, peut être facilement prévenu
tant par un feu vif fait du chemin
couvert du corps de place dans l'enfi-
lade de ces foffés, que par les coups de
fufil tirés au befoin par les créneaux
des galeries de gorge de la demi-lune
et de fon réduit, et furtout, enfin, par
la paliffade qui barre la gorge de ce
réduit.

Le mineur affiégé, qui s'eft traverfé

R 2

ATTAQUE.

ces fapes par une cinquième parallèle.

Au refte, fi l'affiégé fait à temps
une fortie, à-la-fois par le centre vide
du réduit & par les efcaliers de fon
terre-plein, il faudra vraifemblablement bien lui céder jufqu'à la nuit
fuivante, & pendant le courant du
jour fe contenter de diriger fur le
fommet de l'entonnoir tous les feux
de projection qui peuvent s'y réunir,
& le peu de feux de moufqueterie
& de canon qui peuvent y atteindre.

DÉFENSE.

*et même mafqué près des ruptures de
fa galerie de la gorge du réduit, met
enfuite à profit le temps que lui pro-
cure le fuccès de la fortie pour pouffer
des rameaux vers les bords de l'entonnoir, afin de le recombler des débris du
logement dont l'affiégeant viendra de
nouveau le couronner.*

QUARANTE-QUATRIÈME NUIT.

L'affiégeant doit tout tenter pour
emporter les fommets des entonnoirs
par une attaque de vive force, qui
ne laiffe pas à l'affiégé le temps de
faire fauter quelque fourneau; &
pour cela, tandis qu'il s'y préfentera
de front en force & avec impétuo-
fité, il hafardera quelque petite
troupe qui, tournant à toute courfe
le réduit par fes foffés, prendra à dos,
par fon feu au travers de la paliffade de la gorge de cet ouvrage, les
défenfeurs de fa brèche, & leur fera
croire qu'ils font coupés.

Auffitôt que cette attaque aura

*Il faut convenir que l'affiégé a beau
jeu pour maintenir fon logement de la
brèche du réduit, et qu'à moins de fe
laiffer intimider par quelque témérité
de l'affiégeant, il doit certainement le
repouffer. S'il prend la précaution de
fermer de nuit, avec des chevaux de frife
de part et d'autre, l'intervalle qu'il y a
de la gorge de fon réduit à la crête du
chemin couvert, à fa place d'armes arrondie du centre, il aura de quoi fe raf-
furer pleinement fur la crainte d'être
pris à dos: il y a donc à parier que,
s'il fe conduit bien, il fe maintiendra
quelque temps encore contre ces atta-*

ATTAQUE.

réuffi, les fapeurs de l'affiégeant, tenus tout prêts avec tout ce qu'il faut pour conftruire un bon logement, en formeront un, le plus folide poffible, tel que nous l'avons déjà décrit, & fes mineurs creveront avec des tonneaux de poudre la galerie de part & d'autre de la brèche, au plus loin poffible, &, s'il fe peut, au-delà des efcaliers par lefquels on monte de cette galerie dans l'ouvrage.

Ce ne fera que quand tout cela fera fait folidement & à demeure, qu'on pourra établir la cinquième parallèle à l'extrémité des chemins couverts des deux demi-lunes & pourfuivre le fiége. Ainfi, au cas qu'on n'ait pas réuffi, ou qu'on foit chaffé encore une fois de fes logemens, il ne faudra pas perdre de temps à recommencer cette attaque de vive force dont le fuccès eft un préliminaire indifpenfable pour toute la fuite de l'attaque.

DÉFENSE.

ques de vive force. Cependant nous fuppoferons qu'il y cédera dès cette nuit, et c'eft encore ici le cas de porter pour mémoire, au profit de notre défenfe, la réfiftance plus longue que la brèche de notre réduit fera vraifemblablement.

Voyant l'ennemi folidement établi dans l'intérieur de fes réduits, l'affiégé, pour s'épargner une vigilance fatigante à la garde de l'iffue ou écoutille de fa grande communication fouterraine, détruira cette iffue, et par là fe mafquera dans cette communication.

Je néglige de faire remarquer par quels feux de canon et de moufqueterie l'affiégé s'oppofera à l'établiffement de la cinquième parallèle et des autres travaux correfpondans ; un coup d'œil fur la pl. 61, fig. 1, l'indiquera fuffifamment.

QUARANTE-CINQUIÈME NUIT.

L'affiégeant perfectionne fa cinquième parallèle, & travaille à y établir des batteries de canons & d'obufiers, tant pour les oppofer au

L'affiégé continue à oppofer tout fon feu, particulièrement celui des flancs des baftions collatéraux à celui de l'attaque, et fa moufqueterie des cro-

ATTAQUE.

flanc droit du baſtion 2, & au gauche
du baſtion 4, que pour tourmenter
& enfiler, autant que poſſible, les
chemins couverts du baſtion 3 (1). Si
la batterie du centre de la quatrième
parallèle ſe trouve maſquée, on la
tranſporte au milieu de la cinquième
parallèle.

On pouſſe en même temps juſ-
qu'au bout des foſſés, tant des réduits
que des demi-lunes, les zigzags
qu'on y a commencés, & l'on barre
ces foſſés par un bout de parallèle.
On travaille auſſitôt, à l'extrémité de
ces bouts de parallèles, à des puits
deſtinés à crever les galeries de communication de l'aſſiégé, tant en travers du foſſé du réduit qu'en prolongement de la galerie magiſtrale du
chemin couvert de la demi-lune.

On avance auſſi le logement de la
brèche juſqu'au bord de l'iſſue dé-
truite de la grande communication
de l'aſſiégé, en le faiſant appuyer à
l'intérieur des épaules du réduit.
Puis on enfonce dans ce logement
des puits pour conduire de leur fond

DÉFENSE.

chets du chemin couvert de ce dernier
baſtion, au progrès des travaux de
l'ennemi; et, ſi la cinquième parallèle
maſque la batterie du centre de la quatrième, il en profitera pour faire reparoître ſon artillerie à l'angle flanqué et aux deux faces du baſtion 3,
que continuent cependant d'écharper et
peut-être même d'enfiler, depuis la
deſtruction des pointes des demi-lunes,
les batteries de la première parallèle.

En même temps et dès qu'il a vu
l'aſſiégeant s'approcher par le fond des
foſſés de ſes galeries de communications, il n'a pas dû manquer d'en
pouſſer des rameaux ſous le fond de ces
foſſés, aſſez élevé dans cet endroit pour
cela, afin de pouvoir, ſans crever ſes
galeries, ſoit faire ſauter les travaux
ſuperficiels de l'aſſiégeant, ſoit le combattre et l'arrêter dans ſa marche ſouterraine.

---

(1) La diſpoſition des faces des places d'armes rentrantes du chemin couvert
des demi-lunes rend tout ceci fort difficile à pratiquer, ou, pour mieux
dire, tous ces objets fort difficiles à atteindre.

ATTAQUE.   DÉFENSE.

des rameaux deftinés à crever par
des fourneaux la grande communication, & furtout la galerie qui en
part, pour fe rendre par-deffous le
foffé du réduit jufques fous l'extrémité du terre-plein de la demi-lune.

QUARANTE-SIXIÈME NUIT.

On pourfuit le travail de l'établiffement des batteries dans la cinquième parallèle, & celui des puits
deftinés à crever les galeries de communication de l'affiégé à fes demi-
lunes & à leur chemin couvert. Si
l'on n'eft contrarié dans ce travail,
ni par des camouflets, ni par des
fourneaux fervis par des rameaux
dérivés de ces galeries, on doit être
parvenu au point de charger foi-
même, au fond de ces puits, des
fourneaux, l'un joignant l'angle de
gorge du réduit de la place d'armes
rentrante, l'autre joignant l'angle de
gorge de l'extrémité de la face de
chacune des deux demi-lunes de
l'attaque.

On continue à pouffer du logement
de l'intérieur de chaque réduit des
demi-lunes, le travail fouterrain deftiné à crever par un fourneau la

*On fuppofe encore ici que l'affiégé
s'eft laiffé gagner de viteffe & n'a pas
eu le temps de s'oppofer à ce qu'on crève
fes galeries par des puits defcendus deffus ou contre ces galeries ; mais il ne
feroit pas pardonnable à lui de n'avoir
pas quelques fourneaux à faire jouer
fous les travaux qu'il voit depuis long-
temps fe pouffer dans les foffés de fes
demi-lunes & de leurs réduits, & de ne
pas tenter enfuite de profiter du défordre où le jeu de ces fourneaux auroit
jeté l'affiégeant, pour venir par une
fortie lui rendre vifite au fond de fes puits.*

*Il doit auffi, tant de fa grande com-
munication que de la galerie qui en
part, aller au-devant du mineur affiégeant, attaché au fond du logement de
l'intérieur de chaque réduit.*

*C'eft un double article à porter au
profit de la défenfe, encore pour mémoire.*

ATTAQUE.   *DÉFENSE.*

grande communication souterraine,
& surtout la galerie qui en part pour
traverser le fossé du réduit.

QUARANTE-SEPTIÈME NUIT.

On achève les batteries de la cinquième parallèle, & l'on y amène
les pièces & les munitions pour
qu'elles puissent tirer au jour.

On a fait jouer à l'entrée de la nuit
les fourneaux du fond des puits
qui ont crevé les galeries de l'assiégé,
joignant les angles de gorge des demi-
lunes & des réduits des places d'armes
rentrantes. On répare ce que cette
explosion a endommagé, & l'on
pousse, en partant des angles écornés
de ces réduits de places d'armes rentrantes, des sapes qui côtoient les
profils des glacis des demi-lunes, &
qui, allant l'une au-devant de l'autre, formeront devant la pointe du
bastion 3 une sixième parallèle.

En même temps, si du travail souterrain de l'intérieur des réduits de
demi-lunes on entend le mineur
assiégé travailler & s'avancer, on
charge sur le champ un globe de
compression ; car, quelque peu prolongé en avant du logement que

L'assiégé redouble ses feux d'artil
lerie des flancs & des courtines collaté-
raux au bastion 3 de l'attaque, sans
compter ceux de mousqueterie des
crochets, traverses & places d'armes
arrondies du chemin couvert du corps
de place.

Après le jeu des fourneaux de l'as
siégeant, il pousse, des extrémités ou
ruptures de ses galeries, des rameaux
d'où il puisse endommager les travaux
ultérieurs, tant superficiels que souter
rains, de l'attaque.

Si, lorsqu'il entendra le mineur as
siégeant charger ses fourneaux de l'in
térieur des réduits, il n'en a pas lui-
même de tout chargés dont il puisse se
promettre de l'effet, il se gardera bien
de rester dans celles de ses galeries
qui sont à portée de ressentir celui des
fourneaux de l'assiégeant.

soit

ATTAQUE.   *DÉFENSE.*

foit le rameau, le fourneau qui le
terminera, chargé en globe de compreffion, crèvera toujours les galeries
de l'affiégé, vu la proximité où elles
font de ce logement. Si au contraire
on n'entend de la part de l'affiégé
aucun travail fouterrain, on pouffera le rameau de 5 à 6 toifes en
avant du logement, & on le terminera par un fourneau ordinaire qui,
fans endommager ce logement, crèvera les galeries de l'ennemi.

QUARANTE-HUITIÈME NUIT.

On fuppofe que, foit par l'un foit
par l'autre des moyens que l'on vient
d'indiquer, l'affiégeant crève à la fois
la grande communication du centre
de la gorge de chaque réduit & la galerie qui en part pour traverfer le foffé
de cet ouvrage : rien alors ne le gênera
plus lorfqu'il prolongera fa fixième
parallèle au travers de ce foffé & de
la maffe du flanc bas, afin de communiquer librement d'un bout à
l'autre de cette parallèle. Pour l'appuyer à fes extrémités, il couronne
les deux entonnoirs de l'intérieur des
réduits de demi-lune, & joint ce couronnement à fon logement, en forte

*Comme la précédente, quant aux
feux tant d'artillerie que de moufqueterie. On peut effayer de troubler par
des forties le travail de la fixième parallèle, un peu découfu & mal foutenu
des travaux précédens, dont il eft fé-
paré dans plus d'un endroit par des
efcarpemens. Il peut, pour faire avec
plus de fuccès fa fortie, attendre que
fes fourneaux fervis par fes galeries de
communication aux chemins couverts
des demi-lunes, aient joué, culbuté une
partie du travail de l'ennemi & jeté
fon monde en défordre. Comme il a
pour cette opération l'avance que lui
donne le temps que met l'affiégeant à*

ATTAQUE.

que celui-ci & l'intérieur de chaque réduit forment comme une redoute à chaque extrémité de cette fixième parallèle.

Cette place d'armes fe ferme & s'achève à fon centre, tant par le progrès des fapes marchant de fes extrémités l'une vers l'autre, que par celui d'une fape double, pouffée de la cinquième parallèle fur la capitale du baftion 3, & fe partageant enfuite en deux fapes fimples.

En même temps, pour défendre autant que poffible cette place d'armes, des atteintes que pourroit lui porter le mineur affiégé, au moyen des rameaux qu'il pouffer oit des ruptures de fes galeries de communication de la place aux chemins couverts des demi-lunes, il enfoncera des puits dans cette fixième parallèle, pour pouffer de leurs fonds des rameaux deftinés à détruire cette galerie affez au loin pour n'en avoir plus rien à craindre.

DÉFENSE.

creufer fes puits, il y a bien à parier qu'il parviendra avant celui-ci à faire jouer à temps fes fourneaux.

QUARANTE-NEUVIÈME NUIT.

L'affiégeant qui a reçu dans fa fixième parallèle le feu des fourneaux de l'affiégé & effuyé fa fortie, répare tout le dommage qu'il a éprouvé, &

L'affiégé, après le jeu de fes fourneaux, recommence à pouffer, de fes galeries de communication, d'autres rameaux, pour défendre ces mêmes ga-

ATTAQUE.

recommence à creuser des puits de part & d'autre de chacune des galeries par lesquelles l'assiégé communique au chemin couvert de ses demi-lunes, pour tâcher de la détruire de proche en proche, ou au moins d'y occuper le mineur assiégé de manière à le distraire d'une opération plus sérieuse qu'on va diriger contre lui. Cette opération consiste à ouvrir, dans la sixième parallèle, quatre puits, un de chaque côté & à 14 ou 15 toises de distance de chaque galerie de communication, du fond desquels on dirigera des galeries vers les premières & secondes traverses du chemin couvert du bastion 3. Ces galeries, destinées à avoir 14 ou 15 toises de longueur, seront terminées par des globes de compression, qui crèveront la galerie magistrale du chemin couvert du corps de place, & en renverseront peut-être même la contrescarpe dans le fossé.

DÉFENSE.

leries des entreprises souterraines de l'assiégeant, & en même temps pour aller de nouveau bouleverser ses travaux à la surface du terrain. Nous allons le laisser aux prises avec lui dans une guerre de mineur à mineur, en supposant qu'elle le distraira de l'autre guerre souterraine qui fait le grand objet de l'assiégeant.

CINQUANTIÈME NUIT.

L'assiégeant continue à creuser les puits tant de la petite que de la grande guerre souterraine qu'il compte faire à l'assiégé. Ses puits par-

L'assiégé pousse ses rameaux de droite & de gauche de ses galeries de communication pour aller au-devant du mineur assiégeant.

S 2

ATTAQUE.　　　　　　　　DÉFENSE.

venus dans le courant du jour à
profondeur, il entre par leur fond en
galerie.

D'un autre côté il établit dans sa
sixième parallèle, des batteries de
pierriers, tant contre le rempart que
contre le chemin couvert du bastion 3.

De la cinquante-unième a la cinquante-cinquième nuit.

L'assiégeant pousse sans interruption ses galeries : il se trouve sans
cesse aux prises avec le mineur af-
siégé, dans celles qui sont voisines des
galeries de communication de celui-ci; mais celles qui, plus éloignées,
sont destinées à établir à leurs extrémités des globes de compression, pro-
fitent de cette diversion pour avancer
sans obstacle vers leur but. Il arrivera cependant que le travail qu'on
y fait finira par être entendu de la
galerie magistrale, & même que celui
de l'une de ces galeries le sera de la
galerie de communication dont elle
s'approche plus que l'autre : on l'arrêtera en conséquence plus tôt que
cette autre, & dès la cinquante-qua-
trième nuit, pour y creuser & charger un globe de compression à 11

L'assiégé se défend de son mieux dans
chacune de ses galeries de communication contre les deux attaques souterraines, évidemment dirigées contre elles.
Il pourroit cependant encore entendre
de cette même galerie la marche d'une
des deux galeries à globe de compression; mais nous voulons encore supposer,
ou qu'il a pris le change & s'en est
aperçu trop tard, ou qu'il a été mal-
traité lui-même dans sa galerie, de
manière à n'y avoir plus les moyens de
traverser la marche du mineur assiégeant.

Il se méprendra long-temps aussi,
dans sa galerie magistrale, sur la
marche des galeries de ces globes de
compression, dont il confondra le bruit
avec celui des attaques de ses galeries
de communication, & avec celui que fait

ATTAQUE.

toifes de la galerie magiftrale, & à 5 ou 6 toifes de la galerie de communication. La deuxième galerie fera pouffée à la longueur de 55 toifes, & terminée feulement le 55.ᵉ jour par un globe de compreffion dont on commencera à creufer la chambre.

DÉFENSE.

fon propre mineur, en défendant ces galeries. Suppofons cependant qu'il reconnoîtra enfin la vérité quand ces galeries parviendront à 15 ou 16 toifes de cette galerie magiftrale, & qu'alors il ira au-devant d'elles ; mais il n'aura pas le temps de s'y avancer de plus de 4 ou 5 toifes, qu'il entendra déjà charger les fourneaux de l'ennemi, & qu'il ne lui reftera conféquemment rien de mieux à faire que de s'éloigner pour n'en pas éprouver l'effet.

CINQUANTE-SIXIÈME NUIT.

On achève de creufer la chambre & de pofer la caiffe des derniers globes de compreffion. On en place les augets & l'on attend la nuit fuivante pour y faire le tranfport des poudres.

L'affiégé, qui entend le bruit de la charge & du bourrage des globes de compreffion, n'a rien de mieux à faire que de charger & de bourrer lui-même au plus vite, dans les rameaux dérivés de fes galeries de communication, quelque fourneau affez voifin des rameaux de quelqu'un de ces globes & affez fortement chargé pour déranger ce bourrage & fes augets, & empêcher ainfi le jeu de ce globe de compreffion.

CINQUANTE-SEPTIÈME NUIT.

On tranfporte la poudre & l'on fait la charge des derniers globes de compreffion. On en fait auffitôt, &

Comme la précédente.

ATTAQUE.

pendant tout le jour fuivant, le bourrage.

CINQUANTE-HUITIÈME NUIT.

On achève de bourrer les derniers globes de compreffion, & on les fait jouer à la fois avec les premiers chargés dans le courant de la nuit: ils forment deux à deux, vis-à-vis de chacune des faces du baftion 3, un entonnoir oblong de 47 à 48to de long, & de 25 à 26 de large, qui crève la galerie magiftrale depuis la première jufqu'à la deuxième traverfe, enfonce même la contrefcarpe en quelques endroits, mais la laiffe debout dans la plus grande partie de la longueur de l'entonnoir, & furtout dans fon milieu.

Auffitôt que les globes de compreffion ont joué, l'affiégeant rentre dans fes travaux & les nettoie, répare les parties endommagées de fa fixième parallèle & s'y occupe fur-le-champ d'y établir des batteries de brèche fur le bord des entonnoirs. Pour démafquer complétement ces batteries, fes mineurs defcendent dans les entonnoirs & s'y enfoncent jufques derrière la contrefcarpe pour achever de la renverfer dans le foffé.

DÉFENSE.

Auffitôt après le jeu des globes de compreffion, le mineur affiégé doit rentrer dans fa galerie magiftrale des deux côtés, pour tâcher d'aller placer fous les bords des entonnoirs de ces globes, des fourneaux qui les recomblent en partie, ainfi que les travaux qu'aura pu y exécuter l'affiégeant.

En même temps le canon des flancs des baftions & des tenailles, & celui des courtines collatérales au baftion 3, prenant d'écharpe les parties de fixième parallèle endommagées par l'explofion, en rendent meurtrier le rétabliffement, auffi bien que le travail des fapes qu'on en pouffe vers la place d'armes faillante du chemin couvert du baftion 3. La moufqueterie & les pierriers raffemblés fur ce baftion ajoutent leur feu à celui-là, & tous les mortiers de la place dirigent leurs bombes dans les entonnoirs pour y bouleverfer les travaux des mineurs affiégeans. L'affiégé fe maintient auffi avec opiniâtreté dans les places d'armes arrondies du chemin couvert, collatérales au baftion de l'attaque, dans le réduit qu'elles ont à leur

ATTAQUE.

En même temps il conduit, de fa fixième parallèle, des fapes vers la place d'armes faillante du chemin couvert du baftion 3, reftée debout entre les deux grands entonnoirs, pour établir dans cette place d'armes un logement deftiné à recevoir les contre-batteries des flancs collatéraux au baftion 3 de l'attaque.

DÉFENSE.

centre, dans la première traverfe, et même, s'il fe peut, dans le premier crochet du chemin couvert en avant de chacune de ces places d'armes, et en fait fentir le feu à l'affiégeant, qui de fon côté, découvrant cette dernière traverfe des batteries de fa cinquième parallèle, depuis que le chemin couvert qui la couvroit a fauté, ne tarde pas à la ruiner.

Cinquante-neuvième nuit.

On établit à la fape, dans la place d'armes faillante du chemin couvert du baftion 3, le logement deftiné à contenir les contre-bátteries. On continue dans la fixième parallèle le travail des batteries de brèche, & l'on pourfuit furtout avec vivacité celui des galeries qui, du fond des entonnoirs, iront établir des fourneaux deftinés à jeter dans le foffé la contrefcarpe & les terres qui mafquent encore les batteries de brèche.

On s'oppofe par le canon des flancs des tenailles et des courtines à l'établiffement de l'affiégeant dans la place d'armes faillante du chemin couvert du baftion 3. La maçonnerie dont le talus intérieur de ce chemin couvert eft revêtu, ajoute encore par fes éclats au danger de ce travail, joint à ce que les grenades à main de l'affiégé y parviennent en franchiffant le foffé.

Les travaux fouterrains continuent vers les bords des grands entonnoirs pour rejeter ces bords dans le fond de leur entonnoir, & le recombler.

Soixantième nuit.

On pourfuit le travail des batteries de brèche & des contre-batteries; &

Comme la précédente, quant aux feux de canon & de moufqueterie.

ATTAQUE.

pour se donner suffisamment d'espace dans ces dernières, & y supprimer en même temps le danger des éclats, on démolit la maçonnerie du revêtement intérieur du parapet de la place d'armes, dans laquelle on les établit.

On poursuit le plus vivement possible le travail souterrain qui doit, en achevant de renverser la contrescarpe dans le fossé, démasquer les batteries de brèche.

DÉFENSE.

Quant aux mines, celles de l'assiégé, parvenues sous les bords des grands entonnoirs, se terminent par des fourneaux qu'on commence dès cette nuit à charger et qu'on bourre le jour suivant.

SOIXANTE-UNIÈME NUIT.

On poursuit le travail des contre-batteries : on achève celui des batteries de brèche, & l'on se hâte de pousser le travail souterrain destiné à les démasquer en renversant la contrescarpe. On se tient dans la sixième parallèle constamment prêt à repousser toute sortie, qui ne pourroit avoir que le but important de pénétrer dans les entonnoirs, au fond desquels on fait en conséquence soutenir les mineurs qui y sont attachés, par des troupes de grenadiers logées dans leur partie la plus rapprochée de la capitale du bastion 3, & conséquemment le plus hors d'atteinte des mines de l'assiégé.

L'assiégé fait jouer ses fourneaux, qui, recomblant et évasant les grands entonnoirs, y détruisent vraisemblablement une partie des travaux souterrains de l'assiégeant. Quoi qu'il en soit, il profite du trouble où le jeu imprévu des mines de la place jette toujours celui-ci, pour faire, des places d'armes arrondies de son chemin couvert, une sortie, à la faveur de laquelle ses mineurs pénétrant dans les entonnoirs tâchent d'y détruire, par des bombes et des sacs de poudre qu'ils apportent avec eux, les entrées des galeries du mineur assiégeant.

SOIXANTE-.

ATTAQUE.   *DÉFENSE.*

SOIXANTE-DEUXIÈME NUIT.

Si le jeu des fourneaux de l'affiégé
& les efforts de fa fortie ont laiffé
intactes les galeries de l'affiégeant,
elles doivent maintenant être arri-
vées à leur térme, & en conféquence
on s'occupera à difpofer les fourneaux
qui doivent renverfer la contrefcarpe
& déblayer celles des terres de l'entonnoir qui pourroient encore mafquer le jeu des batteries de brèche.
Si au contraire ces galeries ont fouffert & ont leurs entrées enterrées ou
bouleverfées, on s'occupera à les
retrouver & à les rétablir pour n'é-
proúver que le moins de retard poffible.

On achève les contre-batteries
& on y conduit les pièces & les munitions. Au jour, elles tirent & font
fecondées par les batteries de la
cinquième parallèle, établies fur
le fommet du chemin couvert des
deux demi-lunes de l'attaque, lefquelles contre-battront l'artillerie
des flancs de baftions & des courtines, tandis que les nouvelles batteries contre-battront particulièrement l'artillerie des flancs cafematés
des tenailles, & feront pour cela, en

*L'affiégé tâche à force de feux, de
feux de projection furtout, qu'il dirige
dans les entonnoirs, d'y prolónger le
defordre où le jeu de fes fourneaux et
fa fortie ont jeté l'affiégeant et fes
travaux fouterrains.*

*D'un autre côté, voyant les contre-
batteries établies et fe garniffant de
canon, il doit maintenant, pour déranger et rendre vain l'établiffement de
ces contre-batteries, diriger le canon des
flancs de fes baftions et de fes tenailles,
qui a jufqu'à préfent tiré dans le terre-
plein de la place d'armes faillante du
baftion 3 ; il doit, dis-je, le diriger au
pied de l'arrondiffement de la contrefcarpe qui foutient le terre-plein de cette
place d'armes, et battre lui-même cette
contrefcarpe en brèche, afin de faire
crouler par fa bafe le parapet ou épaulement de ces contre-batteries.*

Effai général de fortific. T. IV.   T

ATTAQUE.

DÉFENSE.

grande partie, compofées d'obufiers ou mortiers montés fur affûts de canon, dont les bombes, lancées dans les terres de la tenaille, en démoliront les revêtemens en fauciffon des embrafures, en même temps qu'elles décharneront & mettront à découvert les pieds-droits de leurs voûtes, qu'enfuite le canon pourra ruiner.

SOIXANTE-TROISIÈME NUIT.

L'affiégeant charge au bout de chacune de fes galeries un fourneau derrière les contre-forts de la contrefcarpe, & deux autres à 10 ou 12 pieds en arrière dans les terres, lefquels, prenant feu tous enfemble, jetteront dans le foffé la totalité de la contrefcarpe encore debout en avant des grands entonnoirs, avec la plus grande partie des terres qui s'y appuient. Il bourre fes fourneaux pendant le refte de la nuit & une partie du jour fuivant, & les fait jouer auffitôt qu'ils font prêts.

Immédiatement après qu'ils ont joué, les batteries de brèche de la fixième parallèle ouvrent leur feu contre les faces du baftion 3, & les fapeurs affiégeans, débouchant des

L'affiégé, qui n'a que peu de moyens à faire agir contre les batteries de brèche, les réunira tous contre les defcentes & paffages de foffés & contre les contre-batteries qui protègent ces derniers par leur feu : il cherchera donc à culbuter & à combler les defcentes de foffé conduites au travers des grands entonnoirs, par des fourneaux établis au bout de rameaux pouffés des extrémités ou ruptures de la galerie magiftrale. Indépendamment du feu d'artillerie des flancs des baftions & des tenailles & de celui des courtines, qui accueilleront ces defcentes à leur débouché dans le foffé, elles y auront encore alors à recevoir le feu de moufqueterie de la caponnière & de la courtine de la tenaille, & celui des grenades du baftion 3.

ATTAQUE.

entonnoirs, commencent, au travers des débris de la contrefcarpe, un paffage de foffé vis-à-vis de chaque face.

D'un autre côté, fi le feu des contre-batteries ne parvient pas à démonter & à réduire au filence l'artillerie des flancs cafematés des tenailles avant qu'elle n'ait mis la contrefcarpe en brèche, l'affiégeant devra prendre de bonne heure fes mefures pour parer à cet inconvénient, en épaiffiffant le parapet ou épaulement de ces contre-batteries par le dedans, & fe donnant par derrière les terres néceffaires à cet épaiffiffement & l'efpace fuffifant au recul de fon canon, aux dépens du parapet du chemin couvert de la place d'armes faillante où font établies ces batteries.

DÉFENSE.

Quant aux contre-batteries, il eſt à peu près impoſſible qu'elles réſiſtent au tir en brèche de la contrefcarpe au ſommet de laquelle elles ſont aſſiſes, & qu'elles ſe rétabliſſent ſous le feu du double étage de flancs qui les foudroie, quand même on épaiſſiroit leur parapet, & qu'on élargiroit leur terre-plein ; ou au moins cette opération, plus meurtrière que le premier établiſſement de ces batteries, ne pourra ſe faire qu'avec quelque découragement & plus de lenteur que la première fois.

La certitude de réuſſir contre les contre-batteries n'empêchera pourtant pas l'aſſiégé de faire tout ce qui ſera en ſon pouvoir pour ralentir & rendre meurtrier le ſervice des batteries de brèche et y cauſer des accidens. Il y dirigera en conſéquence toutes les bombes et toutes les pierres de la place.

SOIXANTE-QUATRIÈME NUIT.

L'affiégeant continue à battre en brèche & à travailler à fes defcentes & paffages de foffé. Pour mettre celles-ci à l'abri des fourneaux de l'affiégé, il a dû s'enfoncer fous les flancs des grands entonnoirs pour aller au-devant du mineur affiégé,

L'aſſiégé donne une attention d'autant plus particulière au rétabliſſement des contre-batteries et aux moyens de le contrarier et, s'il ſe peut, de l'empêcher, que de là dépend la priſe ou le ſalut de la place : il doit en même temps ne rien négliger dans le cas où

T 2

ATTAQUE.

& même aller lui crever fa galerie magiftrale, affez au loin pour n'en avoir plus rien à craindre.

Il travaille auffi, fans fe rebuter, à rétablir fes contre-batteries battues en brèche & ruinées, parce que, tant qu'elles ne feront pas rétablies, & qu'elles n'auront pas pris le deffus fur l'artillerie des flancs des baftions & des tenailles, le paffage du foffé & l'affaut feront impoffibles à exécuter.

DÉFENSE.

l'affiégeant tenteroit de couper ce nœud gordien au lieu de le délier, et hafarderoit de donner l'affaut avant d'avoir fait le paffage du foffé et éteint le feu des flancs; il doit, dis-je, ne rien négliger pour être prêt à repouffer cet affaut. Ce n'eft pas qu'il en doive craindre l'iffue, dans le cas où nous le fuppofons d'un retranchement dans le baftion; car alors les troupes de l'affaut, logées au haut de la brèche, fans communication avec le refte des forces affiégeantes, y feroient expofées à toutes les entreprifes de l'affiégé, qui en même temps difpoferoit le feu de fes flancs fur le foffé de manière à en interdire l'accès à tout fecours envoyé au logement de la brèche.

On croit inutile de prolonger & de pourfuivre plus avant ce journal, parce que ce qui s'enfuivroit maintenant feroit purement arbitraire, & dépendroit de l'opinion que l'on voudroit fe former de la difficulté de rétablir les contre-batteries, & de celle que ces batteries elles-mêmes éprouveroient, après leur rétabliffement, pour réduire au filence les batteries des flancs: car fi l'on ne peut nier que par le moyen que nous avons indiqué, d'y employer à la fois des boulets & des bombes horizontales, elles ne parvinffent à ruiner les embrafures des batteries cafematées des flancs des tenailles, & à combler &

obſtruer ces embraſures par les débris de la partie des voûtes
qui les couvrent, laquelle tomberoit par la ruine des bouts
de leurs pieds-droits, il faut d'un autre côté convenir auſſi que
le reſte de ces voûtes & de la maſſe de terre qui les couvre
ne pourroit jamais être abattu, & reſteroit toujours debout
pour couvrir le revêtement du flanc de baſtion en arrière;
que le parapet de ce flanc ou l'épaulement de la batterie qui
y eſt établie, pourroit donc être toujours maintenu & réparé
au ſommet de ce revêtement intaɕ, & que conſéquem-
ment le canon qui le garnit ne pourroit être démonté que
par des coups d'embraſures. C'eſt au leɕteur à évaluer la
durée de ces divers obſtacles à la priſe de la place, car
nous craignons que le jugement que nous en porterions
ne ſe reſſentît peut-être un peu de notre tendreſſe de père
pour elle.

Nous devons cependant au leɕteur l'aveu d'une vérité dont
nous fait apercevoir l'iſſue de cette attaque; car en même temps
que le journal d'attaque & de défenſe d'une place éclaire ſur les
défauts & les propriétés de cette place, il avertit non moins
ſûrement de la meilleure marche à tenir pour l'attaque, ſi
d'abord & d'après un premier aperçu l'on en avoit adopté une
moins bonne. Ici, d'après la difficulté de ruiner de face les
flancs des tenailles, & ſurtout ceux de baſtion qu'ils couvrent,
on reconnoît qu'ils doivent être battus en flanc; or, pour les
battre en flanc, il faut une attaque qui les embraſſe, une attaque qui ſe termine aux deux demi-baſtions du même front,
au lieu de ſe terminer à un ſeul baſtion; car alors, étendant les
batteries de brèche aux faces des baſtions juſques vis-à-vis de
leurs épaules, on battroit en brèche les flancs de la tenaille

par leur profil ou par le pied-droit extérieur de leurs voûtes (1), &
d'enfilade les flancs des baſtions en faiſant brèche dans l'aligne-
ment de ces flancs à la face qui les recouvre : mais pour en
être venu là, il faudroit avoir pris trois demi-lunes, en avoir
embraſſé cinq par la première parallèle & les batteries à ricochet, & en un mot avoir à peu près doublé les travaux, les
dangers & les pertes de l'attaque que nous venons de décrire.

Mais il eſt juſte auſſi de dire quel parti pour notre ſyſtème
& pour la rectification de nos idées nous avons tiré de ce
journal d'attaque & de défenſe : c'eſt 1.° de ſupprimer l'arrondiſ-
ſement de la gorge de notre demi-lune, qui, en en tenant la
galerie à une trop grande diſtance de l'eſcarpe de cet ouvrage,
ne nous a pas permis d'en défendre le pied de la brèche par
nos fourneaux ; 2.° d'enfoncer ces galeries de gorge de demi-
lunes & de leurs réduits, au moins juſqu'à la naiſſance de leurs
voûtes, ce qui, en leur conſervant la propriété de faire tout
de même feu par leurs créneaux, les ſauveroit de l'inconvénient de pouvoir être enfoncées par des tonneaux de poudre
amenés contre leurs pieds-droits ; 3.° enfin, dans le cas où
l'opiniâtreté de la défenſe de la pointe de notre demi-lune
ne paroîtroit pas aſſez aſſurée au moyen des coupures fraiſées
à double étage de feux, ſur leſquelles roule toute cette
défenſe, nous y offririons encore un changement non moins
important que les deux qui précèdent : ce ſeroit de ſéparer du

Pl. 62.
fig. 2
& 3.

Ibid.
fig. 4.

(1) Cette brèche pourroit être longue à faire, y ayant à cette pointe de la
    tenaille une grande épaiſſeur tant de maçonnerie que de terre ; épaiſſeur
    qu'on pourroit encore augmenter en portant ailleurs le petit magaſin à
    poudre que nous avons placé dans cet endroit : on pourroit le défendre
    d'un étage & le placer ſous la batterie, d'où l'on y communiqueroit par
    un eſcalier.

terre-plein de cette pointe lès coupures, qui alors n'auroient plus qu'un étage de feux ; par un foſſé à contreſcarpe révêtue ; & de remplacer leurs barrières, par leſquelles on rentroit dans cette pointe, par des rampes qui ſerviroient à y rentrer du foſſé du réduit (1).

Mais il faut convenir que ces changemens & la connoiſfance de la meilleure marche à tenir pour attaquer notre place, font à peu près les feuls avantages que nous ayons retirés du journal que nous venons de faire de ſon attaque & de ſa défenſe ; car nous n'avons pu déterminer la durée de ſa réſiſtance : & l'euſſions-nous pu, nous n'aurions encore rien fait pour la mettre en parallèle avec aucun ſyſtème connu ; car ayant donné les attaques & défenſes de ces différens ſyſtèmes, dénués de galeries magiſtrales à leur contreſcarpe & de galeries de gorge à leurs dehors, tandis que ces galeries ont fait la plus grande partie des difficultés & peut-être de la durée de l'attaque de notre place, nous n'aurions eu à comparer que des choſes de nature différente, & par conſéquent nul vrai réſultat à obtenir. Il n'y auroit donc, pour en obtenir un de quelque valeur, d'autre moyen que de recommencer nos attaques & défenſes de tous les ſyſtèmes précédemment examinés, en leur donnant cette fois de ſemblables galeries ; mais lorſqu'on connoît comme nous le travail qu'entraînent de ſemblables attaques & défenſes, ce n'eſt pas une choſe propoſable que de le recommencer.

(1) Je ne doute pas que le lecteur n'apperçoive de lui-même avec quel avantage l'aſſiégé pourra alors rentrer dans la pointe de la demi-lune & en faire retraite ſous le feu à bout portant de coupures qui ne feront plus expoſées à l'inſulte, & n'auront, dans cette occaſion, rien à craindre pour elles-mêmes.

Par le même motif de l'inutilité dont feroit ce travail pour la comparaifon à en faire avec le journal d'une femblable partie de la défenfe d'une place ordinaire, nous ne faifons pas non plus le journal de ce qui fuivroit l'affaut & le logement de l'affiégeant fur la brèche du corps de place, ni des difficultés qu'il éprouveroit à maintenir ce logement contre l'effet des fourneaux qui joueroient tant au pied qu'au fommet de cette brèche, & qui feroient auffi fûrement que commodément fervis de la galerie qui court fous le terre-plein du baftion, & à fes entrées couvertes par le retranchement que nous y avons pratiqué. Les forties & le feu de ce retranchement agiffant tour à tour après l'effet de chacun de ces fourneaux, rendroient plus complet le dégât qu'auroient fait ceux-ci, & plus meurtrier le rétabliffement des travaux qu'ils auroient renverfés : ainfi l'affiégeant, dans ce nouvel embarras que lui cauferoient les mines de l'affiégé, ne fortiroit d'affaire qu'en fe dévouant de nouveau aux procédés lents de la guerre fouterraine, et en crevant les galeries de l'affiégé de part et d'autre, d'une batterie qu'il établiroit alors en fûreté contre le retranchement, et dont l'effet feroit de mettre fin à la défenfe de la place, auffitôt qu'elle auroit fait à ce retranchement une brèche acceffible.

Je ne me permets donc pas de prononcer fur la durée totale du fiége de la place, qui a été le but de mes tentatives pour perfectionner l'art de fortifier. C'eft au lecteur à le faire, ainfi qu'à difcerner ce que mes galeries magiftrales & celles de gorge de mes ouvrages détachés ajoutent de force dans ma conftruction au-delà de ce qu'elles en ajouteroient à une place ordinaire à laquelle on les adapteroit. Je me bornerai

fur

fur cela à une confidération fort fimple, & que ne pourront
manquer de faifir tous les bons efprits, quelle que foit la mefure
de leurs connoiffances : c'eft que dans une place ordinaire la
galerie magiftrale en avant du baftion pouvant être attaquée
en même temps que celle de la demi-lune, il ne faut pour les
crever & les rendre inutiles toutes deux, que la moitié du temps
qu'il faut pour crever fucceffivement les deux nôtres ; car il
arrivera évidemment dans l'attaque fouterraine ce qui a in-
conteftablement lieu dans l'attaque fuperficielle de notre place,
où l'on ne peut fonger à attaquer le baftion, ni même fon
chemin couvert, qu'on ne fe foit rendu maître de la demi-
lune & de fon réduit.

Nous avons fait voir que la garde de fûreté de notre place
& fa garde extérieure contre les reconnoiffances de l'affiégeant,
ne demandoient pas plus de monde que les fervices de la même
efpèce dans une place ordinaire ; les travaux de la défenfe
réduits aux retranchemens des baftions y en demandent moins,
& le fervice & les mouvemens de l'artillerie n'y en demande-
roient davantage qu'autant qu'on y voudroit profiter pleinement de l'abondante variété d'emplacemens qu'offre au déploiement de cette arme la difpofition de nos ouvrages, &
qu'en conféquence on y multiplieroit le nombre des bouches
à feu en raifon de cette multiplicité d'emplacemens ; mais fi
l'on veut s'y renfermer à cet égard dans les mêmes limites que
dans les places ordinaires, & fe contenter de n'y occuper que
fucceffivement & qu'avec un nombre modéré de pièces, les
divers emplacemens à mefure qu'ils deviennent les plus avantageux, ce fervice n'y exigera que les mêmes moyens en hommes
qu'on nous a vu employer au chapitre I.er du liv. IV.

Quant aux travaux des mines, à suppofer même que tout foit à faire à cet égard dans l'intérieur du baftion de l'attaque, ils ne demanderont pas plus de moyens en hommes, en outils & en matériaux, qu'ils n'en ont demandé au chapitre IV de ce même livre IV.

Notre place pourra donc être défendue par les mêmes moyens en hommes, en artillerie, en travaux de défenfe & de mines qu'une place ordinaire : ce n'eft qu'en approvifion-nemens qu'elle exigera plus de moyens, à raifon de la durée plus grande de fa réfiftance probable.

Cette réfiftance, fi l'on y fait rentrer tous les élémens que nous en avons écartés, & fi l'on rétablit dans l'égalité de leurs droits avec les élémens de l'attaque ceux que nous avons évi-demment fubordonnés à ces derniers, cette réfiftance, dis-je, ne pourra être de moins de foixante-quinze à quatre-vingts jours de tranchée ouverte. Ajoutez-y, comme au chapitre V du livre IV, dix jours de plus *tenus* & dix jours d'inveftiffément : cela fera cent jours de fiége, pour lefquels il faudra être appro-vifionné en munitions de guerre & de bouche, fans compter la durée du blocus préalable, pour laquelle il faudra auffi être pourvu de vivres dans les proportions convenables & indiquées dans le même chapitre.

Indépendamment de l'incomplet forcé du chapitre aftuel en particulier, je ne me diffimule point celui de ce cinquième livre en général, qui, loin de contenir toutes les tentatives à faire pour perfeftionner l'art de fortifier les places, ne contient que celles qui peuvent s'adapter uniquement aux places à foffés fecs; reftent donc encore celles à faire pour perfeftionner les places à foffés pleins d'eau : mais nous croyons devoir nous

réferver cette tâche, & remettre à la remplir, au cas feulement
où l'effai que nous venons de donner feroit accueilli du public
avec intérêt, & des hommes de l'art avec indulgence; car dans
le cas contraire, & fi nous n'avions fait par nos idées nouvelles
qu'ajouter des erreurs à la maffe énorme qu'en ont laiffée la
foule des faifeurs de fyftèmes, nous n'en aurions déjà que
trop dit.

EXPLICATION

des figures relatives à ce chapitre.

PLANCHE LXII.

FIGURE I. *Attaque et défenfe d'une place perfectionnée par tous les moyens indiqués par l'auteur. Les divers travaux de l'affiégeant font marqués du N.º de la nuit dans laquelle chacun d'eux a été entamé ; ses batteries le font de celui des nuits pendant lefquelles chacune d'elles a été exécutée. Quant aux mines, on a omis de repréfenter toutes celles de l'affiégé et même une partie de celles de l'affiégeant, pour pouvoir exprimer plus clairement les opérations fouterraines les plus importantes de ce dernier.*

FIGURE-II. *Plan d'une des demi-lunes de l'auteur, avec fon réduit, dans lequel l'arrondiffement à la gorge de la pointe de cette demi-lune eft fupprimé, tant pour mieux défendre, par la galerie meurtrière de cette gorge, le foffé du réduit, que pour pouvoir défendre par des rameaux plus courts, partant de cette galerie, la brèche de la pointe de la demi-lune.*

FIGURE III. *Profil pris fur la ligne A B de la fig. 2.ᵉ, qui fait voir que les galeries de gorge de la demi-lune et de fon réduit font enfoncées fous le fol des foffés jufqu'à la naiffance de leurs voûtes, pour pouvoir réfifter à l'explofion de tonneaux de poudre que l'affiégeant rouleroit contre ces galeries : leurs créneaux à fleur du fond du foffé n'en fourniffent pas un feu moins meurtrier, fans être autant expofés à être embouchés par les fufils de l'affiégeant.*

FIGURE IV. *Plan de la demi-lune de l'auteur, avec son réduit, où, en outre des corrections des deux figures précédentes, on trouve celle plus importante de la séparation par un bon fossé des coupures de la pointe de la demi-lune. Les défenseurs de ces coupures en protègent d'une manière plus assurée la retraite de ceux de la pointe et la rentrée de l'assiégeant dans cette même pointe, par les rampes qui y montent du fond du fossé du réduit. On doit remarquer les côtes du fond de ce fossé, au pied des rampes et devant les coupures, pour comprendre qu'on peut communiquer, par-dessous ce fossé, de la galerie des faces de la demi-lune, à celles qui règnent aux arrondissemens et sous les rampes du fossé des coupures, et qui sont crénelées partout où elles peuvent l'être. On comprendra aussi qu'on ne peut du fossé de la demi-lune s'introduire dans celui de ses coupures, puisque les côtes y marquent un ressaut de 18 pieds.*

LIVRE II.

Quelques idées fur le relief & le commandement de la fortification.

Je réunis ces deux articles à caufe de l'analogie & de la liaifon intime qu'ils ont l'un avec l'autre.

Le relief eſt la faillie des ouvrages fur leur bafe ; mais quoique cette faillie de corps folides ait néceſſairement trois dimenſions, longueur, largeur & hauteur, c'eſt particulièrement la hauteur des ouvrages au-deſſus de leur bafe que l'on entend par leur relief : ainſi le relief du glacis eſt fon élévation au-deſſus du terrain ; le relief de la contrefcarpe, fon élévation au-deſſus du fond du foſſé ; celui de l'efcarpe de même ; & le relief total d'un ouvrage eſt l'élévation de la crête de fon parapet au-deſſus du fond de fon foſſé.

Le commandement des ouvrages, foit fur le terrain, foit entr'eux, eſt la fupériorité de hauteur qu'ils ont, foit fur ce terrain, foit les uns fur les autres ; tel eſt *le commandement naturel*, qui ne peut avoir lieu qu'en un terrain horizontal ou s'abaiſſant au-deſſous de celui fur lequel la fortification eſt placée : mais en terrain dominant & s'élevant au-deſſus de celui fur lequel la fortification eſt aſſife, on le remplace par *un commandement artificiel*, que je définirai *la hauteur dont les plans parallèles entr'eux de la crête des parapets des ouvrages, paſſent*

au-deſſus du terrain , & les uns au-deſſus des autres. Par ce commandement artificiel, s'il eſt bien réglé, la fortification, quoique
réellement plus baſſe que le terrain en avant, rentre ſur lui
dans tous ſes droits & les conſerve tous ſur elle-même, par la
ſubordination qu'elle maintient, de toutes ſes parties, les unes
aux autres, dans le même ordre que leur aſſigne leur poſition plus ou moins avancée, quelle que puiſſe être la ſupériorité réelle de hauteur des plus avancées à l'extérieur, ſur
les plus rapprochées de l'intérieur de la place (1).

Ceci eſt abſolument vrai, ſans exception, des ouvrages dont
les pentes exactement réglées & ordonnées par rapport à ce-

____

(1) Cette ſupériorité réelle de hauteur des ouvrages les plus avancés ne
leur fera découvrir, tant à l'intérieur qu'à l'extérieur des ouvrages qui
les commandent *artificiellement*, rien de plus que ce qu'ils y découvriroient
ſi ces mêmes ouvrages les commandoient *naturellement.* D'un autre côté,
cette ſupériorité réelle de hauteur ne permettra à ces ouvrages avancés de
dérober, même à l'aide de logemens creuſés & d'épaulemens élevés dans
leur intérieur par l'aſſiégeant, quand il s'en fera rendu maître, ne leur permettra, dis-je, de dérober au feu des ouvrages qui ne les commandent
qu'artificiellement, que ce qu'ils y déroberoient ſi ces ouvrages les commandoient *naturellement* ; car le fond & le revers de ces logemens ne ſe trou-
veront abaiſſés au deſſous des lignes de feu partant des parapets de l'aſſiégé & paſſant par le ſommet des épaulemens de l'aſſiégeant, que de la
même quantité dont ils le feroient ſi le commandement des ouvrages qui
reſteront au premier, ſur ceux qu'occupera le ſecond, étoit *naturel* au lieu
de n'être qu'*artificiel.* Cette ſupériorité réelle de hauteur des ouvrages
avancés ſur les plus reculés ne donnera donc à l'aſſiégeant, lorſqu'il ſe
fera emparé des premiers, aucun avantage ſur les derniers, puiſqu'elle ne
lui fera rien découvrir de plus de ce qu'il aura à battre, & qu'elle ne couvrira rien de plus de ce qu'il aura à mettre à couvert. Je prie, au reſte,
qu'on veuille bien ici ſe rappeler ou revoir ce qui a été dit du défilement,
livre III, chapitre I, ou ſeulement de jeter les yeux ſur la planche 48,
où la comparaiſon des figures 1 & 2 ſuffira ſeule pour éclaircir tout ceci.

commandement artificiel, fe foumettent à toute fon influence, & lui confervent fur eux tous fes avantages, puifque tout refte entre ces ouvrages dans les mêmes conditions que dans la fortification horizontale; & cela feroit également vrai, auffi fans exception, du commandement de la fortification défilée fur le terrain extérieur réellement plus élevé qu'elle, s'il étoit poffible d'aplanir celui-ci & de le réduire réellement au plan rampant qu'on lui fubftitue par la penfée, en un mot, *au plan de file* de la fortification défilée. Mais, au lieu de cela, il arrive, au moyen des inégalités de ce terrain extérieur, que quelques-unes de fes parties fe dérobent à l'influence du commandement & quelquefois même à la vue de la fortification défilée, & que quelques autres, offrant aux batteries affiégeantes des affiettes proéminentes au-deffus du terrain qui les fépare de la place, mettent ces batteries en état de continuer leur feu par-deffus les travaux ultérieurs de l'attaque, quelquefois jufqu'à la fin du fiége. Tels font les feuls avantages qu'un terrain dominant peut accidentellement & partiellement conferver contre le commandement artificiel d'une fortification défilée, & cela, non parce qu'il eft dominant, mais parce qu'il eft inégal; car un terrain inégal dominé obtient auffi fréquemment les mêmes avantages contre le commandement naturel d'une fortification affife fur une hauteur, & continue à fe montrer aux premières batteries de l'affiégeant par-deffus les travaux ultérieurs de l'attaque, fans cependant pour cela plonger exactement dans tous les fonds & éclairer tous les revers des inégalités de ce terrain. Ce point, fuffifamment entendu à ce qu'on efpère, nous permettra de nous borner à traiter du relief & du commandement de la fortification horizontale; car tout ce qu'on

en

en dira fera plus facile à exprimer, conviendra parfaitement &
s'appliquera fans nul embarras ni reftriction à la fortification
défilée.

C'eſt furtout en agitant la matière du relief & du commandement de la fortification, qu'on eſt forcé de reconnoître
que cette fcience a fans ceſſe des contraires à concilier. Vous
donnez-vous un beau relief pour rendre difficile l'efcalade par
la longueur & la pefanteur des échelles qu'il y faudroit employer? vous la facilitez d'un autre côté par la quantité de
parties mortes ou vides de feu, que par là vous produifez dans
votre foſſé, où il devient en conféquence aifé de fe raſſembler
à couvert, & de tout arranger fans péril pour l'exécution de
cette efcalade ou de toute autre attaque par furprife.

Prenez-vous un commandement confidérable fur le terrain
& fur votre glacis, pour plonger d'autant mieux dans les travaux des attaques? vous vous découvrez trop & vous livrez
pour ainfi dire en plein à toute la furie des batteries de l'affiégeant. Voulez-vous au contraire avoir une de ces fortifications rafantes, fi fort à la mode aujourd'hui, qui ont le mérite
de n'être prefque pas vues? vous tomberez en revanche dans
l'inconvénient de ne prefque rien voir. La fcience du relief
confiſte donc à trouver le moyen de concilier ces extrêmes ou
du moins de tenir entr'eux un fi juſte milieu, que ce qu'on
en conferve aſſure l'eſſentiel, & que ce qu'on en facrifie ne
compromette que des acceſſoires peu intéreſſans de la défenfe.

Il eſt d'ufage de ne donner que 8 pouces par toife ou
2 pieds de plongée aux parapets des places, communément
de 18 pieds d'épaiſſeur. Suppofons à l'efcarpe du corps de
place un relief de 35 pieds, qui eſt celui que l'on prétend fûr

contre l'efcalade, & que le parapet que porte cette efcarpe la furmonte de 9 pieds, encore fuivant l'ufage; nous aurons un relief ou une hauteur totale de 44 pieds, d'où les coups de fufil tirés fuivant la plongée de 8 pouces par toife du parapet, n'iront atteindre le fond du foffé qu'à 66 toifes de la crête de ce parapet : c'eft-à-dire que, dans un tracé de Cormontaingne, les coups tirés du flanc n'atteindroient dans ce cas le fond du foffé qu'au pied de l'épaule oppofée; que des hommes, même de fix pieds, ne feroient déjà plus touchés dans ce foffé, à 9 ou 10 toifes en-deçà de cette épaule,& qu'un efpace de 46 toifes (23 de chaque côté d'une ligne coupant le foffé perpendiculairement au milieu de la courtine), c'eft-à-dire prefque tout ce foffé, pourroit fervir d'abri & de lieu de raffemblement à la troupe la plus nombreufe, foit pour tenter l'efcalade à la courtine, foit pour forcer la poterne du milieu de cette courtine, foit l'un & l'autre à la fois.

D'un autre côté, le fond du foffé de la demi-lune n'étant atteint non plus qu'à 66 toifes de la crête du parapet des faces des baftions, des hommes de 6 pieds y feroient également hors d'atteinte, depuis la diftance de 57 toifes de la crête du parapet de ces faces jufqu'à l'embouchure de ce foffé dans celui du corps de place, c'eft-à-dire, dans la moitié à peu près de ce même foffé de la demi-lune: & qu'on ne dife pas que le parapet en glacis de la caponnière qui traverfe ce foffé à fon embouchure dans celui du corps de place, remédie à cet inconvénient; car pour que cela fût, il faudroit que la crête de ce glacis ou parapet de caponnière n'eût pas moins de 27 pieds de haut, c'eft-à-dire, la hauteur même de la contrefcarpe. Il eft donc clair qu'au moyen de votre beau relief, vous n'avez fait que préparer vous-même à l'ennemi (qui, par une nuit obfcure, tenteroit de vous furprendre, foit par efcalade, foit en forçant votre poterne de courtine, foit par l'un & l'autre à la fois) de grandes facilités pour y réuffir : car, qu'il parvienne à fe gliffer dans la place d'armes rentrante du chemin couvert, il y trouve une rampe pour defcendre dans le foffé du réduit de cette place d'armes, où déjà il fe trouve à l'abri de tous feux, tant par le relief de ce réduit que par celui de la demi-lune; de là il defcend dans le foffé de la demi-lune, & le point où il y a abordé eft complétement à l'abri du feu du corps de place ; il ne lui refte plus enfuite que quelques pas à faire, en fe coulant le long de la gorge de la demi-lune, pour parvenir à ce bienheureux *Mont-pagnote*, ou pour mieux dire, *fond-pagnote*, de 46 toifes de large, qui l'attend au milieu du foffé de la courtine.

Il ne faut pas, au refte, croire que ces efpaces morts ou libres du feu des ouvrages de la place, ne foient dangereux que dans une attaque irrégulière ou de furprife : ils le font encore davantage dans une attaque régulière, des corps de troupes de l'affiégeant y pouvant de nuit attendre fans rifque, & dans le meilleur ordre, le fignal pour l'affaut de quelque brèche à portée. C'eft même une circonftance que je me rappelle d'avoir ouï conter au général Filley (1), d'un fiège de la guerre de Flandre de 1744 à 1748, où il avoit placé de cette

(1) Directeur des fortifications à Thionville, & lieutenant-général des armées, grade auquel il n'étoit parvenu qu'à force de mérite & de services, car il n'étoit rien moins qu'intrigant & adroit à faire fa cour; au contraire, fa rigidité dans le fervice & dans les principes de fon métier avoit quelquefois nui à fa fortune militaire. Quelque preffé qu'on fût d'avoir fon avis, il falloit, pour qu'il pût fe réfoudre à le donner, qu'il s'entourât de plans, de profils & de nivellemens; &, tandis qu'il ramaffoit labo-

X 2

manière, pour attendre le moment de donner un affaut, plufieurs compagnies de grenadiers dans le foffé d'une demi-lune, où l'ennemi, malgré un très-grand feu, ne leur fit pas le moindre mal.

Indiquons, avant d'aller plus loin, le moyen de remédier à cet inconvénient: c'eft, ainfi que nous l'avons pratiqué dans notre livre V, de porter la plongée du parapet jufqu'à un pied par toife ; alors il ne refte plus dans le foffé de la courtine qu'un efpace de 17 à 18 toifes de large, qui ne foit point atteint par le feu de l'un ou de l'autre flanc, & par conféquent qu'un efpace de 5 à 6 toifes de largeur dans le milieu du foffé, où des hommes ne feroient pas touchés par la moufqueterie de ces flancs. Mais il feroit bien facile d'enlever encore à l'ennemi ce dernier avantage, en pratiquant dans la largeur du foffé, perpendiculairement au milieu de la courtine, une élévation de 9 pieds, terminée de part & d'autre par une pente de 9 toifes de bafe ; car alors il n'y auroit rien dans le foffé, rien même de la furface de ce foffé, qui ne fût vu des flancs. D'un autre côté cette élévation du milieu du foffé de la courtine ferviroit à couvrir, d'une quantité de terre fuffifante pour la mettre à l'épreuve de la bombe, la communication fouterraine (1) que

rieufement tout cela, & qu'il rédigeoit fuivant toutes les règles de l'art l'avis ou le projet qu'on lui avoit demandé, on avoit eu le temps ou de fe refroidir fur ce projet, ou d'en adopter un autre que quelqu'un de plus alerte , moins jaloux de ne donner que du bon, avoit préfenté. Il y a des pays où faire leftement la fottife qu'on vous demande mène bien plus droit à la fortune que le plus beau travail qui contredit les premiers aperçus d'un homme en place, ou qui feulement, pour être bien fait, aura le défaut de s'être trop fait attendre.

(1) La communication fouterraine, ainfi couverte en glacis de part & d'autre, feroit plus indeftruétible encore que celle de notre livre V; elle ne laifferoit pas non plus d'abri de part & d'autre, comme celui de 3 à 4 pieds

dans notre livre V nous fubftituons à la caponnière, que nous
avons prouvé être une communication auffi périlleufe que
précaire dans la conjonûure pour laquelle feule elle eft établie,
c'eft-à-dire, pour celle où l'affiégeant eft parvenu fur les faillans
du chemin couvert de part & d'autre. La communication fouterraine comprenant alors & enfermant fous terre l'entrée
de la poterne fous la courtine, cette entrée ne pourroit plus
être forcée du fond du.foffé, & ce feroit dans le réduit de la
demi-lune (de Cormontaingne) où elle aboutiroit, qu'il faudroit
que l'ennemi en allât chercher l'entrée; mais ce réduit n'ayant
plus d'efcalier de gorge, dont il n'auroit plus befoin, ne pourroit
plus être abordé que par efcalade, ou par les détours de fes
communications fouterraines avec la demi-lune & de celles
qu'on pratiqueroit de cette demi-lune au foffé du corps de
place : là on pafferoit l'embouchure des foffés de la demi-lune
à l'abri des caponnières qui les traverfent, ou mieux encore,
fouterrainement fous ces caponnières, pour parvenir aux
réduits de places d'armes rentrantes & de là dans le chemin
couvert.

de hauteur, qui fe trouve dans les petites caponnières à ciel couvert, que
nous avons adoffées à la grande. C'eft donc une correûion à faire à celle-ci,
d'autant meilleure que ces petites caponnières ne font nullement néceffaires à la communication avec le chemin couvert, ni à la retraite de
celui-ci, qui fe feroit d'une manière plus courte & plus commode de chaque efcalier de la contrefcarpe droit au petit foffé qui fépare la tenaille
du baftion. Il faudroit, à la vérité, dans ce cas pour la communication de
la tenaille avec la place, une defcente de l'intérieur de cet ouvrage à la
grande communication fouterraine, laquelle, au moyen de tous ces changemens, formeroit une correûion avantageufe à la caponnière de mon
livre V, correûion que je prie le leûeur de vouloir bien adopter, fi toutefois il eft de mon avis.

D'un autre côté le fond du foffé de la demi-lune feroit alors atteint à 44 toifes de la crête du parapet des faces des baftions, ou à 22 toifes à peu près de fon embouchure dans le foffé du corps de place, ce qui demanderoit à cette embouchure un reffaut de 22 pieds, allant, en galerie d'un pied de pente par toife, regagner le fond du foffé de la demi-lune, pour qu'il n'y eût pas un point de ce foffé qui ne fût atteint du feu des baftions ; mais un reffaut auffi confidérable, quand même on le diminueroit de 2 ou 3 pieds, comme on le pourroit fans trop d'inconvénient, réduiroit à trop peu de chofe le relief de la gorge des réduits des places d'armes rentrantes, & les expoferoit à être emportés de vive force & par la même attaque avec le chemin couvert.

Mais en même temps ce reffaut, eût-il 22 pieds, n'empêcheroit pas les batteries que l'affiégeant auroit établies fur le faillant du chemin couvert de la demi-lune, de battre en brèche les faces des baftions, fur la moitié à peu près de la hauteur de leur revêtement, ce qui pourroit bien donner des brèches praticables, fi furtout on en renforçoit les déblais par ceux du reffaut lui-même, renverfé par des mines un peu fortement chargées dans cette vue. C'eft cette dernière confidération & celle furtout de l'avantage qu'il y auroit à faire détailler à l'affiégeant la demi-lune & fes réduits, par des attaques fuccessives, avant qu'il puiffe feulement fonger à fe loger fur le chemin couvert du corps de place, qui nous ont portés, dans notre livre V, à détacher totalement & à avancer au-delà du chemin couvert du corps de place notre demi-lune & fon chemin couvert, & nous perfiftons à penfer que ce changement de pofition, déjà depuis long-temps adopté à l'égard des grands ouvrages extérieurs, fera, fi l'on fe décide à l'adopter auffi à l'égard de la demi-lune, un fecond pas de fait dans la fortification, d'une importance plus grande encore, & d'une influence évidemment plus ufuelle & plus générale que le premier.

Mais il convient peut-être, avant d'aller plus loin, d'examiner fi la plongée d'un pied par toife, que je propofe pour les parapets des places, n'a pas d'inconvéniens ; car, pourquoi dira-t-on, ne donne-t-on communément que 2 pieds de plongée à un parapet de 8 pieds de haut ? c'eft fans doute, afin qu'il refte toujours toute l'épaiffeur du parapet entre le boulet de l'affiégeant & le fommet de la tête des plus grands d'entre les affiégés placés fur le terre-plein. Il fe pourroit en effet que ce fût là le motif qui a fait fixer à 2 pieds la plongée des parapets des places de guerre ; mais il eft évident qu'en cela on a paffé le but : car le canon de 24, tiré avec une charge de 9 livres de poudre, à 30 toifes de diftance, contre un parapet, n'y enfonce fon boulet que de 12 pieds, & même on peut regarder cet enfoncement comme le plus fort qu'il foit poffible de produire à cette diftance, avec quelque charge que ce foit, puifque 13 coups tirés à la même diftance, avec 9, 12 & 14 livres de poudre, n'ont donné que 9 pieds d'enfoncement moyen. (*Aide-mémoire à l'ufage des officiers d'artillerie de France*, 2.ᵉ *édit. Paris, Magimel*, 1798, *p.* 841.)

Or ce coup de canon, du plus grand effet poffible, frappant à 2 pieds au-deffous de la crête d'un parapet de 18 pieds d'épaiffeur & de 3 pieds de plongée, y auroit, s'il étoit tiré horizontalement, toujours 12 pieds 8 pouces d'épaiffeur de terre à percer, à caufe du répaiffiffement caufé par le talus intérieur, du

tiers de la hauteur de ce talus, & par conféquent de 8 pouces
dans cet endroit; & s'il étoit tiré tant foit peu de bas en haut,
il n'auroit jamais moins de 12 pieds de terre à percer: or, dans
le premier cas, dirigé au fommet de la tête de l'homme le plus
grand, placé fur ce terre-plein, il n'y pénètreroit pas; & dans
le fecond cas, s'il y pénétroit, il pafferoit au moins de 2 pieds
au-deffus de la tête de ce même homme (1). Les coups venant
de loin, au contraire, & plongeant vers la fin de leur courfe
pour écrêter le parapet, n'auroient pas à beaucoup près autant de force que celui qui vient de nous occuper; &, fuppofé
qu'ils euffent encore celle de percer 6 pieds d'épaiffeur de
terre, ils pafferoient encore de près d'un pied trop haut pour
atteindre l'homme le plus grand placé fur le terre-plein. Il n'y
a donc à cet égard rien à craindre de la plongée portée à un
pied par toife.

Mais, dira-t-on, pour tirer fuivant cette plongée, le fufilier
fera forcé de fe trop découvrir. Il fera en effet forcé de fe découvrir d'un pouce ou deux de plus que fi la plongée n'étoit
que de 8 pouces par toife; mais enfin ne vaut-il pas mieux fe
découvrir d'un pouce de plus & voir tout fon foffé, que de
demeurer couvert de ce pouce de plus, & de ne voir que la
moitié du foffé? On fe plaint déjà au refte, affez généralement,
que la hauteur de 4 ^{pi} 6 ^{po}, fixée aux parapets par-deffus leur
banquette, eft trop forte, quand bien même cette hauteur fe
réduiroit à 4 ^{pi} 4 ^{po}, joignant le talus intérieur du parapet. Nous
penfons donc qu'il ne faudroit pas que le relief du parapet

---

(1) Coëhorn étoit fi convaincu du peu d'effet de ces coups tirés de bas en
haut contre fes parapets, qu'il ne donnoit à ceux-ci que 6 pieds de hauteur
au-deffus du terre-plein.

fur

fa banquette, fût de plus de 4 ^{pi} 2 ^{po} joignant le talus du parapet, & de plus de 4 ^{pi} 3 ^{po} joignant celui de la banquette, lorfque ce parapet auroit un pied de plongée par toife.

Quoi qu'il en foit, cette plongée d'un pied par toife, une fois donnée au parapet des faces des baftions, permet de rapprocher la contrefcarpe jufqu'à 10 toifes fi l'on veut de l'efcarpe, parce que les coups tirés fous cette plongée iront encore alors porter au pied de la banquette du chemin couvert, ce qui eft tout ce qu'il faut. La crête du chemin couvert, alors plus rapprochée du rempart, s'en trouve mieux défendue, &, à commandement égal, permet bien plus de découverte aux faces des baftions. Les glacis en deviennent plus roides, fans pour cela fe dérober au feu du rempart, en forte que les cavaliers de tranchée de l'affiégeant exigent une plus grande hauteur pour plonger dans le chemin couvert, & deviennent même en quelque façon impoffibles à faire, fi, en abaiffant les rentrans du chemin couvert de 2 pieds de plus que les faillans, on en dirige les branches à *l'angle de défenfe* des flancs collatéraux; ce qui expofe ces cavaliers, ainfi que tout autre logement cheminant le long de ces branches, au feu d'enfilade & d'écharpe à revers de toute la longueur des flancs de baftions vers lefquels ces branches fe dirigent & defcendent. Si donc on donne aux baftions un commandement de 10 à 12 pieds fur la crête d'un femblable chemin couvert, tel à peu près que celui du corps de place de notre livre V, il y opèrera autant d'effet pour la découverte à prendre par fes baftions fur le terrain des approches, qu'un commandement de 20 à 24 pieds qu'on leur donneroit, dans un tracé à la Cormontaingne, fur un chemin couvert à grandes places d'armes avec réduits dedans,

& ne donnera cependant que moitié moins de prise à l'artillerie
assiégeante; en sorte que nous aurons par là à peu près con-
cilié ces deux points, qui au premier coup d'œil semblent
inconciliables, *de donner à la fortification la découverte la plus
complète de l'assiégeant, & de refuser à l'assiégeant une découverte
trop entière de la fortification.*

Il faut même ici que j'avoue que je ne vois de but réel
au commandement des ouvrages les uns sur les autres, que
de découvrir parfaitement l'assiégeant; car à quoi sert, par
exemple, un commandement de 2 ou 3 pieds d'un réduit sur
sa demi-lune, ou de tout autre ouvrage sur son enveloppe? Ce
qu'il découvre reste caché à la vue au feu de l'ouvrage intérieur : or que sert-il en fortification de voir là où l'on ne
peut diriger ni mousqueterie ni canon? On ne sait par là
que montrer à l'ennemi, pour qu'il le tourmente par ses
ricochets dès le début de l'attaque, un ouvrage qui ne peut
tirer sur lui que par plongée, & qui n'y tireroit pas moins
bien quand il n'auroit pas sur l'ouvrage qui l'enveloppe ce
commandement de 2 ou 3 pieds.

Mais, dira-t-on, ce commandement n'est-il pas nécessaire
pour donner à l'ouvrage intérieur de l'avantage sur l'extérieur
quand l'ennemi s'y sera établi? Mais où dans cet ouvrage
l'ennemi s'établira-t-il? dans le terre-plein sans doute : eh bien,
dans ce terre-plein, en supposant les deux ouvrages de niveau,
il sera déjà commandé de 8 pieds, ce qui est bien suffisant,
puisqu'il ne sera séparé de l'ouvrage intérieur que par un
fossé de 8 ou au plus 10 toises.

Mais il se logera dans l'épaisseur du parapet de l'ouvrage
extérieur; y élevera un parapet de tranchée de 3 à 4 pieds de

haut, dominera d'autant, & prendra avantage fur la crête de l'ouvrage intérieur: vous-même, me dira-t-on, avez fait de femblables logemens dans quelques-unes de vos attaques. J'en ai fait, j'en conviens, pour prendre à revers quelque chemin couvert, ou quelque coupure fans défenfe de ce côté, & pour les faire par conféquent abandonner à l'affiégé : mais loin que de pareils logemens puffent prendre quelque avantage fur des ouvrages qui leur font face, ils auroient le défavantage évident de s'expofer fans artillerie, puifque l'efpace leur manque pour en recevoir, de s'expofer, dis-je, à de l'artillerie tirant fur eux à la portée du piftolet, fans avoir pour s'en couvrir de parapets d'épaiffeur fuffifante, auxquels il manqueroit une bafe. Loin donc de s'élever dans de pareils logemens quand, par quelques motifs tels que ceux pour lefquels j'en ai faits, on a befoin d'en faire; loin de chercher par là à combattre avec avantage l'ouvrage intérieur, on s'y dérobe au contraire autant qu'on le peut, en s'enterrant & en fe couvrant de la plongée du parapet dans le folide duquel on chemine : & alors il faudroit à l'ouvrage intérieur, pour s'oppofer à tout ceci, bien un autre commandement; il lui en faudroit un tel que la crête de fon parapet fût dans le prolongement de la plongée de l'ouvrage extérieur, ce qui, à une plongée de 8 pouces feulement par toife, demanderoit déjà 10 pieds de commandement au réduit de Cormontaingne fur fa demi-lune, & lui ôteroit en même temps la vue de la plus grande partie du terre-plein de cette demi-lune, quand bien même on donneroit au parapet du réduit un pied de plongée par toife. Ce n'eft donc pas par les ouvrages intérieurs & enveloppés, mais par les ouvrages latéraux & flanquans, que doivent être vus ces

Y 2

plans de la plongée des parapets des ouvrages extérieurs, fur lefquels il eſt ſi rare qu'un aſſiégeant chemine : ici, pour la demi-
lune, ce ſont les faces des baſtions, auxquelles il ſuffit de 2 ou
3 pieds de commandement ſur cet ouvrage pour remplir pleinement cet objet, d'autant que le plan de la plongée du parapet de cette demi-lune ſe préſente de revers en contre-pente
au feu des faces des baſtions.

　En conſéquence du même principe, je laiſſerois les plans
du glacis des grandes places d'armes de Cormontaingne, à raſer
& à battre chacun à l'ouvrage qui le flanque, ſans me tourmenter d'élever cet ouvrage à une hauteur telle qu'il pût auſſi
raſer l'autre plan de ce glacis, ce qui jetteroit, ſinon dans l'abfurde, du moins dans l'énorme & par conſéquent dans l'inexé-
cutable : ſeulement, pour démaſquer à la face du baſtion, la
queue du glacis de la demi-lune, & en même temps à la demi-
lune la queue du glacis du baſtion, je raccourcirois de 7 à 8
toiſes celle des faces de la place d'armes rentrante, qui eſt
flanquée par la demi-lune, & tirerois de ſon angle ſaillant, ainſi
déterminé par ce raccourciſſement, ſon autre face parallèle à
la branche du chemin couvert de la demi-lune, & par conſéquent plus oblique au baſtion qui la flanque. Par là, aux dépens ſeuls de la régularité de cette place d'armes, ſeroit con-
ciliée la hauteur modérée du baſtion & de la demi-lune, avec
la découverte que ces ouvrages doivent prendre ſur la queue
du glacis l'un de l'autre. Je n'ai pas au reſte beſoin de cet
accommodement pour le tracé de mon livre V, où la place
d'armes arrondie du centre ne donne lieu à aucun embarras
de cette nature. On pourroit à la vérité croire que la crête de
l'extrémité du chemin couvert de ma demi-lune, la plus proche

de la place, mafqueroit prefque autant le pied du glacis de
cet ouvrage à la face du baftion, que le mafque à la face du
baftion de Cormontaingne la crête de fa grande place d'armes
rentrante ; mais, au moyen de ce que j'ai fupprimé dans cet
endroit la place d'armes, la queue du glacis de ma demi-
lune eft parfaitement vue de la face du baftion, & l'eft encore
mieux, ainfi que les pans de ce glacis qui pendent vers la
place, par les flancs hauts & bas des réduits collatéraux des
demi-lunes, & même encore par les flancs des baftions collatéraux à ceux du front auquel appartient la demi-lune : les
autres pans fort étroits de ce glacis qui pendent vers la demi-
lune, ne font même point abfolument abandonnés à la feule
action du feu de cet ouvrage ; car ces *pans*, qui ne font point
plans, ne fe dérobent point, ou que très-peu, aux feux latéraux,
attendu l'exhauffement des gouttières & le ravalement des
arêtes de tout ce glacis de demi-lune. Voyez pl. 61, fig. 1.

Je me réfume donc, & dis que le commandement n'eft
effentiel à exercer que fur des emplacemens affez fpacieux pour
que l'ennemi puiffe s'y établir folidement & avec de l'artillerie : tels font les terres-pleins d'ouvrages, les glacis, la campagne. Là tout le commandement qu'il eft poffible de prendre
fans nuire à d'autres propriétés tout auffi effentielles, fans créer
d'efpaces *morts* & vides de feu, fans découvrir fes revêtemens,
fans étaler toutes fes défenfes & les mettre à la fois en butte à
tous les feux de l'artillerie affiégeante ; là, dis-je, tout le commandement qu'il eft poffible de prendre eft bon, eft utile, eft
conftamment avantageux : mais un commandement fur d'étroits
parapets où l'ennemi ne peut s'établir, commandement forcément reftreint à 2 ou 3 pieds, ne peut mener à rien qu'à jouir,

par-deſſus le parapet commandé, de la vue de la campagne, mais non de la faculté de faire feu ſur cette campagne ; car avec ſi peu de commandement on ne démaſqueroit point le canon de l'ouvrage intĕrieur en batterie dans ſes embraſures. On démaſqueroit à la vérité la mouſqueterie; mais pour en faire uſage il faire taire celle de l'ouvrage extérieur, laquelle, agiſſant de plus près que la première, eſt évidemment d'un meilleur effet.

En général, le commandement, tel qu'il eſt maintenant uſité, d'un ouvrage intérieur ſur celui qui l'enveloppe, eſt toujours, à mon avis, ou trop ou trop peu : trop peu, ſi l'ouvrage extérieur ou enveloppe n'a pas aſſez de largeur pour recevoir du canon & porter batterie, car alors il faut que l'ouvrage intérieur le remplace à cet égard & défende par ſon canon la crête du chemin couvert en avant de l'enveloppe; on peut revoir ce que nous avons eſſayé de régler à cet égard en traitant des contre-gardes. Mais ſi l'ouvrage extérieur, au contraire, porte batterie, le commandement de 2 ou 3 pieds de l'ouvrage intérieur eſt de trop; car, ſans lui faire, je ne dis pas rien voir mais rien battre de plus, il le fait dès le début du ſiége enfiler par les ricochets, & écréter par les coups de plein fouet de l'aſſiégeant, qui ainſi le trouve déjà tout délabré quand par le progrès de ſon attaque il en vient à avoir immédiatement affaire à lui.

Tout réduit donc, ouvrage intérieur ou enveloppé, retranchement même de baſtion dont l'enveloppe porte batterie, vaudra à mon avis beaucoup mieux, tenu au même niveau que ſon enveloppe, qu'avec ce commandement *de vue* & non *de feu*, qui ne ſert qu'à le trahir. L'enveloppe au contraire

est-elle trop étroite pour porter batterie? l'ouvrage enveloppé,
réduit ou retranchement, ne peut plus se contenter d'un commandement de vue, il lui en faut un de feu, & surtout de
feu de canon. De combien doit être ce commandement? c'est
ce qu'on ne peut dire précisément, ni d'une manière générale
& absolue : cela dépend de la largeur des fossés qui séparent
l'ouvrage extérieur, tant du chemin couvert en avant que de
l'ouvrage intérieur en arrière ; cela dépend encore du commandement de cet ouvrage extérieur sur la crête de son glacis
& sur le terrain au pied de ce glacis ; cela dépend même aussi
de la pente plus ou moins roide de ce glacis. En général, la
fortification veut être raisonnée pour chaque cas, & non réglée
par tables & par nomenclatures; & souvent les mêmes ouvrages
peuvent & doivent être ou de niveau entre eux ou se commander l'un l'autre de 5, de 7 ou de 9 pieds, suivant telles ou
telles circonstances, & non suivant tel rapport de dénomina-
tion ou même de position, par lequel on auroit imaginé de
régler à l'avance ce commandement pour tous les cas.

Mais du moins les terre-pleins, me dira-t-on, sinon les
parapets de vos demi-lunes détachées, devroient, ainsi que
les crêtes de leurs chemins couverts, être soumis au commandement du chemin couvert du corps de place; car les logemens & les batteries qu'on établira dans ces terre-pleins & sur
ces crêtes, commanderont & plongeront de 3 ou 4 pieds qu'ils
auront de hauteur de parapet ou d'épaulement, la crête de ce
chemin couvert de votre corps de place. Mais tant s'en faut
que ces logemens commandent & plongent ce chemin couvert,
que les plans de la crête de celui-ci passeront toujours à plus
d'une toise au-dessus du sommet des plus rapprochés de ces

logemens : & quel avantage peut donner à un fufilier cette
fupériorité de quelques pieds de hauteur, qui ne lui fait rien
découvrir fur un autre fufilier également bien couvert, fi ce
n'eft mieux, par le parapet ou glacis qu'il a devant lui ? Sommes-
nous donc encore au temps où l'on fe battoit à coups de pierres
& de traits lancés à la main ? Alors, j'en conviens, une fupériorité de quelques pieds pouvoit être comptée pour quelque
chofe ; mais ce n'eft plus le cas aujourd'hui, avec nos fufils qui
n'atteignent & ne tuent pas moins bien en montant de quelques pieds, qu'en defcendant de la même quantité.

Au furplus, le parapet du corps de place domine ces terre-
pleins & ces crêtes de chemin couvert, les premiers conftamment de 10 pieds, & les dernières de 10 à 12 : ainfi les logemens
& les batteries qu'y établira l'ennemi, feront toujours commandés, &, ce qui eft effentiel, commandés par de l'artillerie
qui pourra jouer en même temps que la moufqueterie & même
que l'artillerie du chemin couvert du corps de place, auquel
fon prétendu défaut de commandement vaudra cet avantage
effectif. D'ailleurs les branches du chemin couvert de la demi-
lune, ou pour mieux dire, les lignes de crête de ce chemin
couvert, pendant chacune de 2 pieds vers l'ouvrage qui la
flanquée, cette contre-pente fera, en faveur de cet ouvrage
flanquant, l'effet du plus fort commandement, & livrera pleinement aux coups du baftion le couronnement de celles des
crêtes de ce chemin couvert qui font face à la demi-lune, &
aux coups de la demi-lune, le couronnement de celles qui
font face au baftion.

Je conviens bien qu'il eft effentiel que partout où l'affiégeant fe préfente pour s'établir dans vos ouvrages, il y foit
                                                    commandé

commandé & battu de votre artillerie avec avantage : mais il n'eſt nullement néceſſaire & ſouvent même nullement poſſible qu'il le ſoit de tous les ouvrages & chemins couverts que vous occupez encore ; car, pourvu que ceux-ci ſoient défilés des logemens de l'ennemi par quelque plan de défilement parti-culier, ils ne ſeront réellement point commandés par ces loge-mens & n'auront à cet égard ſur eux aucun déſavantage (1).

Maintenant que j'ai agité les queſtions du relief & du commandement des remparts ſur le fond des foſſés, des ouvrages ſur ceux qui les enveloppent & ſur leur chemin couvert, & enfin de ceux-ci ſur les ouvrages détachés, je bornerai là ce que j'avois à dire ſur le relief & le commandement de la for-tification. Le peu que je puis avoir dit de neuf ſur cette ma-tière ſi rebattue, ne préſentera déjà que trop d'héréſies aux yeux des méthodiſtes & des croyans ſur parole : aux yeux des raiſonneurs, qui ne priſent une propriété, quelque vantée

(1) Si je me contente de dire qu'ils n'en ſeront point commandés & qu'ils n'auront ſur eux à cet égard aucun déſavantage, c'eſt parce que leurs plans de défilement ne ſont point parallèles à ceux des ouvrages ſur leſquels eſt logé l'ennemi, & qu'en conſéquence ils n'en ſont que défilés, ſans les *commander artificiellement*, comme ils le ſeroient ſi leurs plans de défile-ment, qui paſſent réellement au-deſſus de ces logemens de l'ennemi, y paſſoient parallèlement au ſol ou à la baſe de ces logemens. Mais, ſi cela eſt, dira-t-on, les logemens de l'ennemi commandent donc ces ouvrages qui ne les commandent pas même artificiellement, & qui ſont partout réel-lement plus bas qu'eux ? Non : ſeulement ces logemens en ſont défilés, & les logemens & ces ouvrages plus bas qu'eux ſont réciproquement dé-filés les uns des autres, par des plans de défilement, qui, après s'être coupés mutuellement, vont chacun paſſer au-deſſus du poſte occupé par leur ennemi reſpectif. Ces ouvrages & ces logemens ne ſont donc point commandés les uns par les autres & n'ont à cet égard, les uns ſur les autres, ni avantage ni déſavantage.

Eſſai général de fortific. T. IV.   Z

qu'elle puiffe être, que ce qu'elle vaut réellement pour le but auquel on la deftine, j'aurai peut-être affez dévoilé le fort & le foible des idées reçues, pour faire naître en eux cê doute heureux qui mène à la découverte de la vérité. Qu'on ne m'accufe point, au refte, ici ni dans mon livre V, de contradiction avec moi-même & avec le refte de mon ouvrage; car alors je traitois de la fortification telle qu'elle exifte, & j'en développois les moyens, c'eft-à-dire les divers ouvrages dans tous les rapports qui font établis entre eux, avec les motifs plus ou moins valables qu'on en donne, fans faire preffentir que bien foiblement les défauts que j'y entrevoyois. Ici, au contraire, & dans mon livre V, où j'ai pour objet de rechercher ce qu'il peut y avoir encore à tenter pour perfectionner l'art de fortifier les places, je ne fais grâce à rien; je dis ce que je défapprouve & propofe ce que je crois meilleur à mettre à la place, avec la même franchife, ou fi l'on veut, la même audace. En quoi j'ai tort, & en quoi j'ai raifon, c'eft ce que m'apprendront le jugement des hommes de l'art, c'eft-à-dire des ingénieurs, celui des militaires éclairés de toutes armes, &, en dernier reffort, celui du public.

F I N.

Pl. 58.

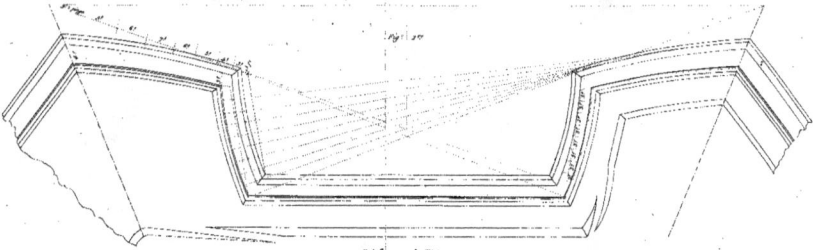

Fig.ʳᵉ 1ʳᵉ

Echelle pour le Fig.ᵗ 1ʳ   100 Toises.

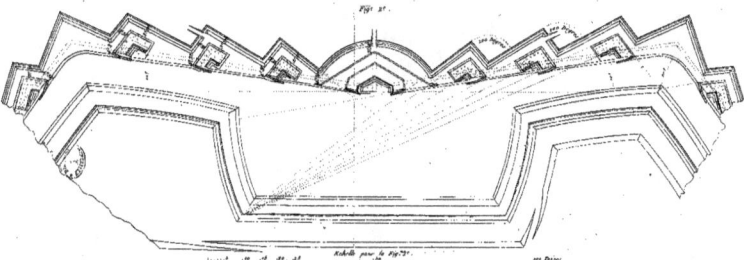

Fig.ᵗ 2ᵉ.

Echelle pour le Fig.ᵗ 2ᵉ.   100 Toises.

Pl. 59.

Front d'un octogone fortifié suivant la méthode de l'Auteur

Échelle

Ligne sommet de la capitale de la tranchée
taillanée, à 25 met. avant la tête du saillant.

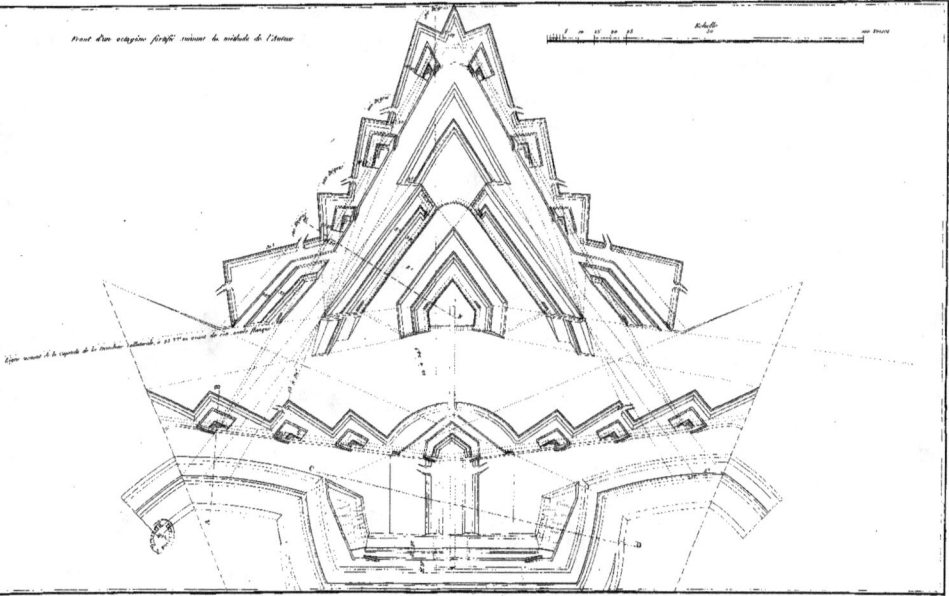

Pl. 60.

Fig.¹ 1.ᵉʳ Profil pris sur la ligne C.D. Planche 59.

Fig.¹ 2.ᵉ Profil pris sur la ligne A.B. Planche 59.

Fig.¹ 3.ᵉ Profil pris sur la ligne E.F. Planche 59.

Fig.¹ 5.ᵉ Elévation vue de dehors de la Place.

Fig.¹ 4.ᵉ Coupe de Caserne
Pouvant contenir à un bastion

Fig.¹ 6.ᵉ Plan du Corps de Caserne

Fig.¹ 7.ᵉ Profil pris sur la ligne K.L. Fig.¹ 6.ᵉ

Fig.¹ 8.ᵉ Profil pris sur les lignes g. h. et h.i. des Fig.¹ 4. et 6.

Echelle des Fig.ᵉˢ 1. 2. et 3.

Echelle de la Fig.¹ 4.

Echelle des Fig.ᵉˢ 5. 6. 7. et 8.

Pl. 61

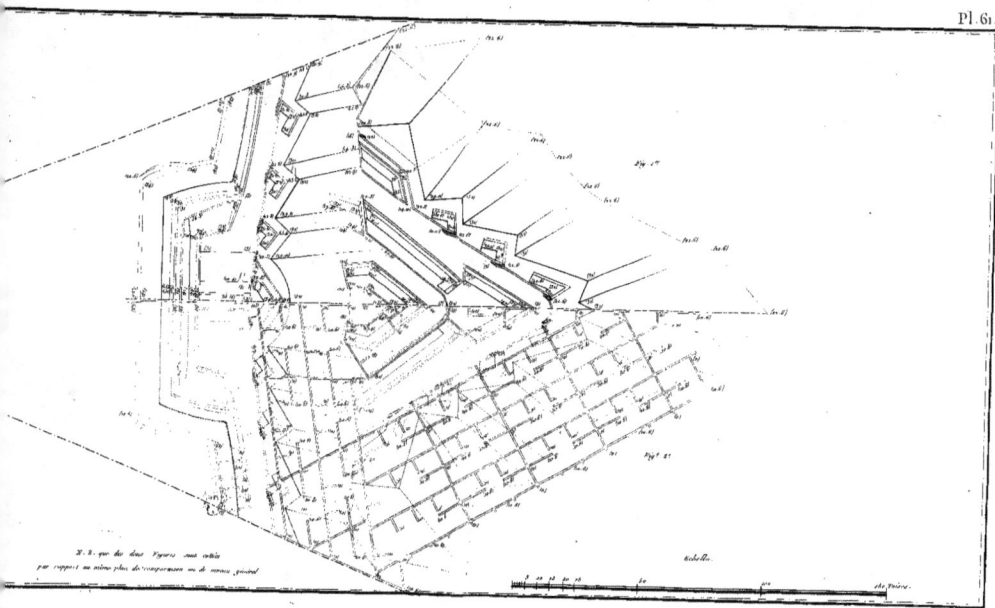

Échelle.

N. B. que les deux figures sont celles
par rapport au même plan de comparaison ou de niveau général

Pl. 62.

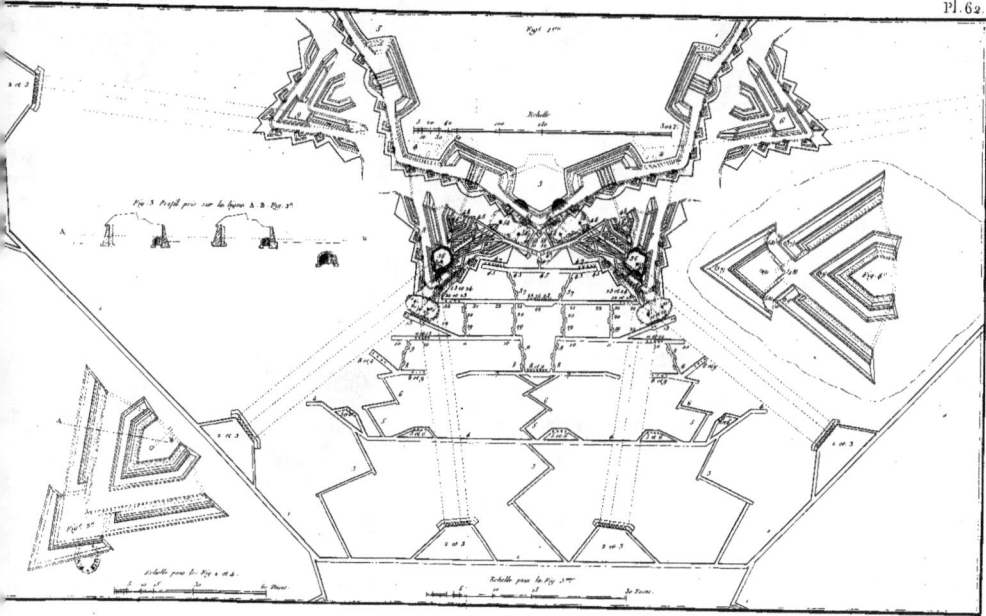

Fig. 1.er

Echelle

Fig. 3. Profil prie sur la ligne A.B. Fig. 2.e

Echelle pour le Fig. 4 et 4.

Echelle pour la Fig. 1.er